生命保険の原点を考えよう

笑顔をふやす営業術

◆◆ 個人保険の重要性 ◆◆

アイグッドファイン株式会社
代表取締役
市川 正也

はじめに

うまくいく営業活動にはパターンがある

「どうすれば、営業成績が上がるのでしょうか？」

「いい方法を教えてください」

生命保険販売のセールスパーソンの方からこのような相談を受けることがよくあります。

どなたもよくご存じの通り、誰にも通じる絶対的な必勝法があるわけではありません。お客様の状況や考え方は千差万別で、セールスパーソンの方々がこれまで経験してきたこと、学んできた知識や身についた考え方も、それぞれに違っているからです。

また社会は絶えず変化しています。世の中の情勢が変われば、生活スタイルや価値観は変化します。コロナ禍もそうでした。

しかしながらうまくいく営業活動には、ある程度のパターンや傾向があります。生命保険の営業はロジカルに分析することができるのです。

私は30年に及ぶ営業活動でそのことを実感しています。そこで、その方法をお伝えしたいと思い、この本を執筆しました。

16年連続MVPを受賞、MDRT会員に

自己紹介をさせていただきます。

私は29歳のときから30年以上にわたって、生命保険販売の仕事に夢中で取り組んできました。とてもやりがいのある仕事だと思っています。

最初に就いた簡易保険の営業では、8年連続最高優績者に選ばれ、郵政大臣表彰を受賞したあと、当時の営業指導官（現営業インストラクター）に任命され、営業担当局員の研修を担当させていただきました。

外資系保険会社に転職し、再び生命保険の営業としての活動を開始したのは41歳のときです。ここでも16年連続ＭＶＰを受賞し、厳しい入会基準があることで知られるＭＤＲＴ会員に承認されました。

２０２０年に独立し、現在は保険代理店の経営と並行して、各地で生命保険営業に関する講演を行っています。

このように書くと、さぞかし前向きで弁の立つ人間なのだろうと思われるかもしれませんが、私は幼い頃から話すことが苦手で、特に人前で話すことなどあり得ないことでした。家族からもよく「何を言っているのかわからない」と言われることが多く、父親も姉も弁が立つタイプだったせいか、もっとわかりやすく話しなさいと言われていました。話すことが苦手だった私が、なぜ生命保険販売の営業という仕事を天職と思うほど夢中になって取り組み、実績を積み上げることができたのでしょうか。

それは目の前の目標をなんとか達成しようと、自分なりに考え、失敗しても諦めずにうまくいく方法を探し続けたからです。

話し方、質問の仕方、表情、身なり、挨拶、質問の仕方など、契約までのお客様とのやりとり、お断りされたあとにはどのような態度で接すればいいのか、どうしても訪問したくないと感じるときはどうすればいいのか、などと妄想ばかりしていました。

営業のやり方だけではなく、自分自身のメンタルにも向き合いました。そうやって試行錯誤を重ねてきたことで成績を出すことができ、自分なりの型を確立できたのです。

無形の商品だからこそ営業力が問われる

生命保険は、車や時計のように、お客様に製品を見てもらったり、使ってもらったりすることができない無形の商品です。そのような商品のよさを伝えて販売するセールスパーソンの皆さんは、とても前向きな姿勢でこの仕事に取り込んでおられることと思います。

しかもこの仕事は、勉強熱心でなければ務まりません。自社の生命保険についての商品知識だけでなく、他社商品についての知識、金融や税制に関わる知識なども必要です。特に税制は、毎年のように改正され、そのたびに対応を求められますし、社会情勢にも無頓着ではいられません。

私自身、30年以上経験してもいまだに難しい仕事であると感じています。無形の商品だからこそ営業力が大きく問われます。

ただし、難しいからこそやりがいがあることも事実です。これほど自分自身の努力や工夫次第で成果を出すことができる仕事は少ないと思います。

この本は、営業活動のステージごとに構成しています。ご自身が課題と感じているること、たとえば「お客様との雑談が苦手」「いい線までいくのにクロージングがうまくいかない」といった悩みに対応したページを読んでいただければ、素早く行動に移せます。

そして、私自身の経験をもとにできるだけたくさんの具体例を書きました。お客様とのやりとりの際には、それを参考にしながら、ご自身のオリジナルをつくりあげてください。

成功体験を積み重ねていけば、どんどん自信が持てるようになり、自然と成績は上がり、納得できる営業に近づいていけます。

私はこの仕事を続けてきてよかったと、心の底から思っています。

私は、生命保険が大好きです。

この本が、ご自身の仕事に真摯に取り組むセールスパーソンの悩みごとや困りごとの解決に、必ず役立つと信じています。

市川　正也

《この本の使い方》

本書の構成は、保険の営業活動のステージに対応しています。ご自身の課題にあったページを参考にしてください。

●どこに訪問すればいいのかがわからない人↓第2章　見込み客の見つけ方
●話を聞いてもらえない人、断られる人↓第3章　アポイントの取り方
●話は聞いてもらえるが、一向に進まない人↓第4章　アプローチの重要性
●お客様の情報を多く聞き出せない人↓第5章　質問力を身につけよう
●保険の説明を上手く伝えられない人↓第6章　問題点の解決につなげる提案力
●クロージングが上手くいかない人↓第7章　契約を促すクロージングとは？
●なかなか行動に移せない人↓第8章　メンタルブロックを解消しよう

はじめに

第1章　生命保険販売の仕事とは……13

第4章　アプローチの重要性……57

第5章　質問力を身につけよう……89

第8章　メンタルブロックを解消しよう……135

第1章

生命保険販売の仕事とは

初めての営業活動は年賀状の販売

私が郵便局で保険を販売する仕事に就いたのは、29歳のときでした。それまでは郵便業務の担当でしたが、人事異動で郵便業務を離れ、簡易保険の営業を担当することになったのです。

郵便業務というと営業とは無縁と思われるかもしれませんが、当時、郵便業務の担当者には年賀はがきや暑中見舞はがきの販売ノルマがありました。これがかなり厳しい数字で、知り合いだけに売るようではとてもさばけるものではなく、局員はその時期になるととても憂鬱になっていたものです。

その様子を見ていた私は、個人を相手に販売しても到底ノルマは達成できないと考えて、年賀はがきや暑中見舞はがきを大量に必要としている企業に営業に行くことにしました。顧客にダイレクトメールを送るような企業なら大量に購入してもらえるだろうと予測したのです。

その予測は的中し、いくつかの企業が毎年1000枚、2000枚単位で買ってくれるようになりました。それ以降、私は毎年はがきの販売ノルマを大きく超える枚数を売り続けることができたのです。

そうした販売方法をとる人間は珍しく、営業能力があると思われての異動だったのかもしれません。

ただし、簡易保険の営業となると、話は別です。当時は、集金や書類の手続きなど営業以外の業務も多く、まるで畑違いの仕事に大変戸惑いました。

まず真似からスタートした営業活動

右も左もわからなかった私が簡易保険の営業職として最初にしたことは「真似」です。

局内には何人か営業成績が飛び抜けている人がいました。郵便局の同じ制服を着て営業活動をし、販売している商品もまったく同じものなのに、なぜそのように人によって違いがあるのか。

経験の差はあってもそれほど大きな差がつくのは、ほかにも理由があるはずだと考えたのです。頭がいいのか。愛想がいいのか。何か秘策があるのか。

当時の私は、おそらく話をしている内容が違うのだろうと思いつき、ひとりの優秀な先輩にお願いして営業活動に同行させてもらいました。

最初に気がついたのは、先輩がお客様にする説明が、とてもわかりやすいということでした。同じ商品であってもこれほど的確に説明できるのかという内容です。

そして、態度も見事なものでした。柔らかく丁寧な口調で語りかけ、お客様の話を聞くときは控えめにあいづちを打ち、伝えるべきことはハキハキと自信をもった態度で伝えるのです。

訪問後、私はすぐに覚えている限りの言葉、自分自身が感じたことをメモして、自宅に帰ってから、先輩の真似をしながら何度もひとりで練習しました。テープレコーダーに録音すると自分の欠点がよくわかります。何度も繰り返し聴きながら、改善していきました。

口下手、話下手と言われていた私でしたが、そこで開き直ってしまっては、いつまでたっても営業活動はうまくいきません。できる人がいるなら、自分にだってできるはずです。そう信じることで自分を鼓舞しました。

あのジョブズもプレゼン前は猛練習

プレゼンテーションの名手といわれた、アップルの創業者スティーブ・ジョブズも新製品発表会の前には、何度も練習していたそうです。その話を聞いたとき、このような天才でもやはり練習ありきなのかとうれしくなりました。

あまりに必死で練習していたからか、同僚からその先輩と話し方がそっくりだと笑われたこともあります。

真似だけではうまくいかないのも事実です。時には、先輩の説明を真似たもののお客様からの予想外の質問にうまく答えられず、大いに反省して商品知識をあらためて勉強し直したこともあります。

しかし、やり方を覚えるのには役に立ちます。苦労は絶えませんでしたが、営業活動は少しずつ軌道に乗りました。その年の最高優績者に選ばれたのは、間違いなくこの「真似」にあったでしょう。

もし営業活動がうまくいかないと悩まれているなら、まずは上手な人の真似をしてみることもひとつの手です。この本にもたくさん真似をしていただけるように書きました。

そこから、なぜそれが効果的なのかを論理的に理解をしていけば自分自身のものにすることができます。

一から自分で自分のスタイルを作り上げる方法もありますが、スポーツでも最初はお手本を見ながら練習します。だんだんと自由に身体が動かせるようになってきて、自然と自分なりのやり方を身につけているのです。

営業活動もそれと同じことのように考えてもいいのではないでしょうか。行動が身につけば、自然と理由もわかってきます。そこから自分なりのやり方が生まれていくのです。

生命保険の役割を実感した阪神・淡路大震災

私が生命保険の役割を実感し、今もなおその気持ちを持ち続けていられるきっかけとなったできごとがあります。

平成7年に阪神・淡路大震災が発生しました。当時私が住んでいたのは、大きな被害を受けた兵庫県神戸市東灘区です。近所でもたくさんの方が亡くなりました。

そのできごとが起きたのは、大震災のひと月ほど前の平成6年12月です。

あるお客様に満期保険金をお届けし、保障の継続として、新たに終身保険への加入をお勧めしました。

ところがそのお客様は独身男性で、配偶者や子どもがいないことを理由に、必要がないと断られたのです。「それならまた時期を見てお勧めしてみよう」と思いながらご自宅をあとにしたことを覚えています。

年が明けて阪神・淡路大震災が起き、ようやく落ち着きを取り戻し始めた4月のある日、私が勤務していた東灘郵便局へひとりの女性が訪ねて来られました。その女性は、私のお客様だった男性の名前を告げて「たしか保険に加入していたはずだ」とおっしゃったのです。

私のお客様であった男性のお姉さまでした。その男性は、震災で命を落とされていたのです。

あのときの後悔は、今も忘れることができません。もちろん年末に満期を迎えていたことはお伝えしましたが、お姉さまは弟亡き後のもろもろの手続きをひとりでなさったようです。手間もお金もかかったのだろうと想像しました。

あのとき、なぜ私はもっと一生懸命に勧めなかったのか。私の説明が足りなかったのではないか。もっといい勧め方があったのではないか。そのような後悔が波のように押し寄せてきました。

「まさか」のときのために生命保険はあるのです。「まさか」が起こってからでは間に合いません。
生命保険の役割とは、こういったときのための準備なのだと実感したできごとでした。

生命保険は、人生の危機に寄り添う金融商品

生命保険は、お客様やご家族の人生の危機に寄り添うことができる商品だと確信しています。このように自信をもって販売できる金融商品はほかにありません。

契約者が病気や事故などによって入院や手術が必要になったときには、給付金という形で支えます。これは、生じた費用の穴埋めとして実損払いをする損害保険と大きく違う点です。給付金はお見舞いの方の交通費などにも使うことができます。お客様や身内の方にとってこれほど心強いことはないのではないでしょうか。

そしてお客様が、大切な人に大きな愛情を伝えることができる商品でもあります。お客様が契約者として生命保険に加入すると、死亡時に支払われる保険金の受取人を指定することができるのです。

預金や株式などの金融商品を誰かに遺すためには遺言書が必要ですが、生命保険はそうした手続きがなくても、まとまったお金を受取人の方に遺すことができます。

さらに、法定相続人であれば相続税がかからない非課税枠もあるのです。お客様の気持ちがこれほど伝わる金融商品はほかにないのではないでしょうか。

加入することで、お客様やご家族の人生設計はより安定したものとなります。不安や心配を軽減することができるのです。

生命保険のこうした素晴らしさは、もっとアピールしていいものだと思います。

節税対策としての有効性?

生命保険は、節税対策になると言われることがあります。セールスパーソンの皆さんの中には、毎年のように改正される税制に悩まされている方も多くいらっしゃると思います。年度途中でも関係なく変更せざるを得ない状況が多々生じており、税制改正の影響で保険商品の販売抑制をする生命保険会社もあるようです。将来的に、贈与税の改正も予定されています。

ここで1度、私たち営業側は少し立ち止まって考えてみるべきなのは、生命保険が、税金対策として活用されすぎているのではないかということです。

これまで生命保険販売の現場では、利益を生んでいる法人へ「節税しませんか」という誘い言葉が必要以上に多用されてきたのではないでしょうか？

節税をしながら保障も得られるというのは、企業側にとってとても魅力的です。しかし将来の保障よりも今の節税に魅力を感じるお客様が多く、生命保険という商品本来の目的に合致していないことから、税制の見直しが進んでいるように思います。

果たして私たちは営業の際に、保険の本来の目的である保障の面を第一に考えていたでしょうか？

生命保険とは、もしものときに入院手術等の給付金の支払いや死亡時の保険金の支払いを、生命保険会社が契約者に約束するものです。

このことが基本であり、お客様にとってあくまでも付加価値として税制の優遇があります。

よく言われている税制の優遇は、死亡保険金の一部が非課税になること、支払った生命保険料が所得控除の対象となることなどです。

このような簡単なことは保険のセールスパーソンならどなたでもご存じと思いますが、正確に理解しているとは言い難い場面に遭遇することもあります。

死亡保険金の非課税については、生命保険の契約形態に条件があり、契約者や受取人によっては死亡保険金が非課税にならない場合があります。

生命保険料控除も旧生命保険料控除・新生命保険料控除（平成24年1月1日以降の契約）が混在するようになり、わかりにくくなってきました。また契約者が本人以外の家族の場合にも控除を受けることができる場合があることをご存じない方もいます。

私たちが求められているのは、正確な情報をお客様にお伝えすることです。節税というフレーズだけを先走りさせるのではなく、基本をしっかりと理解した上で、税効果としての側面を付加価値としてお客様へ提供してはいかがでしょうか。

自発的に生命保険に加入する人は少ない

生命保険文化センター「生活保障に関する調査」（令和元年度）によれば、20歳代から60歳代までの日本人の生命保険への加入率は80％以上になります。

これはかなりすごいことですが、私がすごいと思ったのは、自発的に加入する人はとても少ないという点です。加入率80％以上というのは、営業側の努力によって成り立っているということではないでしょうか。

生命保険は、任意の自動車保険と大きく異なります。自動車保険は、たとえ事故を起こす可能性が「万が一」であったとしても、多くの人は自身の過失で事故を起こしたとき、場合によっては多額の賠償金が必要になることを知っていますから、自動車の購入と同時に自発的に加入し、その後も更新し続けます。

ところが生命保険については、今すぐ加入しようという切羽詰った気持ちにはなかなかなりません。死はすべての人が経験することで、そのとき、誰かの世話になるはずなのですが、ほとんどの人はそのことを想定しないのです。あまり自分からは考えたくないのかもしれません。

生命保険販売がとても重要な仕事だとわかっていただけると思います。つまり、生命保険にご加入いただくためには、セールスパーソンがお客様を丁寧にコンサルティングして、ニーズを喚起する必要があるのです。

対面営業の大切さ

インターネットによる生命保険販売が盛んになってきました。相談窓口を設けた来店型の営業も普及しています。それでは、対面営業はなくなりつつあるのでしょうか。

たしかにコロナ禍の影響もあり、減少傾向はあるかもしれませんが、お客様からはむしろ、親切な営業力への評価が高まっているように感じています。

私もこのようなことがありました。携帯電話の格安プランがどのようなものか聞こうと思い、店頭へ内容を確認に行ったのです。すると店員の方からこう言われました。

「格安プランは、すべてネットからの申込みで、その後の対応もすべてメールです。店頭では一切受け付けできません。○○円の違いであれば、店頭で相談できる今のプランをお勧めします」

〈なるほど〉と思いました。やはり細やかな対応には、対面の方が向いています。生命保険の販売においても対面営業の大切さを再確認した気がしました。

生命保険でもネットでの対応が可能な会社、ネットでの対応がメインの会社もありますが、対面営業は、セールスパーソンにとって得られるものがとても大きいのです。

お会いすれば、お客様の表情や態度、声のトーン、さらに周囲の環境などからどのような状況におられるのかがわかります。対面でしかわからない情報がその後の営業の大きなヒントになるのです。

だから、お客様からも対面の方が安心できる、信頼できると感じていただけるのだと思います。

アポイントがスムーズにいかないこともありますが、セールスパーソン自身が必ずお会いしたいという気持ちをしっかりと持ち、「直接お会いしてお話しすることでお役に立てることもあると思いますので、お時間を作ってください」とお願いすれば、伝わるはずです。

問われるセールスパーソンの役割

販売には、3つの種類があります。店頭販売、通信販売、営業販売です。

店頭販売では、お客様は必要なもの、欲しいもの、気になるものがあり店舗に足を運びます。ですから販売員は、お客様のニーズに応えることが求められるのです。

通信販売では、お客様は自分の欲しいものを自分で調べて、自分の判断で注文します。最近増えているインターネットでの販売では、サイトの見やすさや商品写真、商品説明のわかりやすさや判断に必要な情報が十分に掲載されているかなどが大切です。

この2つは、ほとんどの場合、お客様自身がそもそもその商品に興味を持っています。ですからお客様が「よし、これを買おう」と決めるまでの動線が短いのです。販売側の課題は、最後のひと押しをどうやって作るかです。

保険の営業販売が、店頭販売、通信販売と大きく違っているのは、前にも書いた通り、お客様自身が今すぐに必要と感じていないものを売る点にあります。それだけにファーストアプローチから契約までに時間がかかるのです。

しかも無形の商品ですから、商品のよさを言葉で説明しなくてはなりません。

セールスパーソンは、お客様へのアプローチから、情報収集し、コンサルティングをしてニーズを喚起し、お勧めのプランを提案します。

それを契約につなげるのですから、とても長い道のりです。

この本では、このような生命保険販売を担当するセールスパーソンの仕事の流れにもとづいて解説しています。それぞれの段階でなすべきことをなし、着実に次につなげていく必要がある仕事なのです。

当然のこととして、セールス側の都合でお勧めするようなことがあってはいけません。どうしても切羽詰まってくると「今月中に契約にこぎつけたい」「新商品を買ってもらえないだろうか」と、無意識のうちにセールス側の都合を優先しまうことがあります。

しかしそれでは、お客様に決断していただくことができません。しかもそうした営業姿勢では、せっかく築いたお客様からの信頼も失います。

お客様にとって必要なもの、役立つものはどのような商品なのかを常に第一に考え、自信を持って提案しましょう。

第2章

見込み客の見つけ方

見込み客とは、生命保険に加入する可能性のある人すべて

生命保険のセールスパーソンにとって最初の課題は「どこに訪問していいのかわからない」ではないでしょうか。当然、行き当たりばったりではうまくいきませんから、見込み客から選択して訪問することになります。

それでは見込み客はどのように見つけるのでしょうか。「見込客が見つからない」と悩む方も多くいます。見込み客作りは、ある意味、セールスパーソンの永遠の悩みともいえるでしょう。

生命保険業界で見込み客というのは、生命保険にあまり興味がない方、金融についてもそれほど詳しくない方を指しますが、大げさにいえば、多くの社会人が当てはまります。

私は、見込み客の定義をこのように考えています。

- **セールスパーソン自身が知っている人すべて**
- **セールスパーソン自身が思いつく人すべて**
- **すでにご契約をいただいたお客様**

●提案したがお断りをいただいたお客様

自分自身が知っている人、思いつく人すべてとなると、知り合い、知り合いから紹介があった人、名字しか知らない程度の付き合いの人、よく行くお店の店員さんなどかなり広い範囲で思いつくでしょう。

これらの人はどなたもすべて見込み客です。生命保険に加入する可能性がある方はすべて見込み客と考えましょう。

さらに、ご加入いただいているお客様も過去に断られたお客様も見込み客に含まれるのですから、見込み客が減ることはありません。設計書を作成した方や生命保険以外の相談を受けた方も見込み客です。

このように考えれば、見込み客はどんどん増え続けます。営業側の考え方ひとつで見込み客は増えていくのです。

見込み客を契約確率でランク付けすることには意味がない

私のかつての職場では、営業目標に対して見込み客を書き出すように指導されていました。その際に疑問だったのは、見込み客をご契約いただける確率によって、A・B・C・D・Eと5段階にランク付けして報告することです。

細かな数字は忘れましたが、A：80％以上、B：60％～80％、C：40％～60％、D：20％～40％、E：20％以下というように分類していました。今はこのように細かく分類することはないかもしれません。

当時私は、お客様に加入いただける確率は、何を根拠に数値化するのかがわからず、先輩や上司に質問しましたが、自分の感覚で決めればいいとしか言われませんでした。たとえば、生年月日や家族構成を聞くことができたお客様、設計書を作成したお客様、見直しを考えているお客様など、それぞれの方は見込み客としてどのランクになるのでしょうか？

営業側の考え方ひとつで見込み客になったり、見込み客から外したり、あるいはランク付けをしたりするよりも、見込み客とは、生命保険に加入する可能性のある人すべてと考えて、一人ひとりのお客様の時期や状況を見極めて計画的に営業するように心がけた方が有効でしょう。

見込み客は広い視野と長期的な視野で考えるべき

営業の仕事についたばかりのときは、所属先や上司から、まず知り合いに声をかけるよう指示されることが多いようです。所属先から見込み客を書き出すようにいわれることもあります。

このときに多くの人が戸惑うのは、知り合いや身近な人を自分のビジネスに巻き込んでもいいのか、嫌われないだろうか、ということです。

知り合いでも、その人の詳しいことは知らない、懐事情まではわからない、と見込み客に入れないこともあります。

しかし、たとえ年齢や家族構成を知らない人であっても見込み客です。生命保険に加入する可能性はあります。あの人はきっと生命保険には興味がないだろうと勝手な思い込みも禁物です。

私は、見込み客は広い視野と、長期的な視野で考えるべきだと考えています。その見込み客の中から必要に応じて、自分なりに優先順位をつけておくようにすればいいのです。

役に立つものだから知っている人に勧めたい

知り合いには声をかけにくいと思ってしまうセールスパーソンの方も多いようです。その場合は、このような考え方をしてみてはいかがでしょうか。

たとえば皆さんが、品質のいい手ごろな価格の商品を見つけたら、知り合いに教えたくなります。もともとその商品を必要としている人なら、電話をかけたり、メールやLINEで連絡をとってでも知らせようとするでしょう。

ただし、そのことを伝えたからといって、購入するかしないかは、その方の判断に任せます。あくまで情報を提供するだけで、購入を強制するものではありません。

コロナ禍が広まり始めた時期に、マスク不足が問題になったことがありました。ドラッグストアやスーパーで品薄になり、開店前からマスクを求める人が行列を作ったりしていたのを覚えている方もおられるのではないでしょうか。

私もなかなか手に入れることができず困っていたところ、知り合いが販売している店を教えてくれたので、買うことができました。その情報を教えてくれた知り合いにはとても感謝しています。

私たちが、知り合いに生命保険のことを説明するのは、これと同じです。相手の方はマスク不足のときほどに緊迫してはいないかもしれませんが、商品の必要性に気がつけば、「いいことを教えてもらった」と感謝してくださいます。

セールスパーソンとは、生命保険のプロです。多くの知識を持ち、どんな優位性を持つ商品なのかを知っている皆さんだからこそ、生命保険という商品の素晴らしさを、多くの方にお伝えすることができるのです。適切なアドバイスをすれば、感謝してくれる人はたくさんいます。

契約後もずっと見込み客

私の見込み客の定義には、すでにご加入いただいたお客様や過去に断られたお客様も含まれています。

生命保険会社によっては、契約をいただいたお客様を見込み客から外すケースもありますが、長い期間で考えれば、お客様のライフスタイルの変化があった際には、新たなご契約をいただくことがよくあります。

また、生命保険は契約がスタートと言われていますから、保全を管理する上でも見込み客と考えるべきです。

これは、ご自身が住宅を購入された場合のことを考えるとわかります。家を購入して20年が経過し、不具合があり改装を考えたと想定してください。

まず、どこに依頼するかを考えます。

候補となるのは、今の家を作ったメーカーや工務店、インターネットやチラシで見た安そうな工務店などでしょうか。

ここでもし20年前に家を作った工務店、あるいは何かで付き合いのあった工務店から毎年、年賀状や暑中見舞いが届いているとすれば、どうしますか？

家の改装となると大きな買い物になります。複数の業者に相見積もりをとるかもしれません。その際、年賀状や暑中見舞いをもらっていた業者も選択肢のひとつに加えるのではないでしょうか。

これは工務店が、20年前に関わった人も見込み客として年賀状や暑中見舞いというコミュニケーションを欠かさなかったから、覚えていてもらえるのです。

生命保険も同様に考えられます。10年、20年前に契約をいただいたお客様であったとしても、セールスパーソンが見込み客と考えて連絡を取り続ければ、お客様のライフスタイルが変化したときなどに、相談しようと思う存在でいられるのです。

営業側の考えでは、今すぐご契約いただける方を見込み客という想定をしがちですが、お客様にとって生命保険という商品とのお付き合いは長く続きます。そういう意味でも、セールスパーソンにとって加入いただいたお客様はこの先もずっと見込み客ではないでしょうか？　将来にわたり関係性を維持し、生命保険に関わる相談や提案をさせていただけるのです。

断られても見込み客から外さない

同様に、提案してお断りいただいた方も先々の見込み客と考えられます。お断りいただいたときは、たまたまタイミングが合わなかっただけかもしれません。

私の経験を紹介します。

《例１》
ご提案をしましたが、お断りをいただいたお客様に、数年後、銀行でお会いしました。
その方は、窓口で一時払いの生命保険に加入されていたのです。私が扱っている商品と同じものでした。大変ショックを受け、私自身の不甲斐なさを痛感いたしました。私がお客様への連絡を怠っていたからです。

それ以来、お客様のお話しされたことなどを聞き漏らさないように、定期的な営業活動の努力を惜しまないようにしています。

お客様のおっしゃった言葉もしっかりと手帳に記録するようになりました。

そのおかげでご契約いただいたこともあります。それが次の例です。

《例2》

あるお客様に老後の保障を終身保険でご提案しましたが、お断りいただいたのです。理由は「子どもが大学生で、学費が大変なので今は無理です」とのことでした。

私はそのとき、お子さまの年齢から2年後に大学4年生になると推察し、その年の10月に訪問予定と手帳に書いておきました。ちょうど大学4年後期の学費の支払が終わった時期に訪問しようと考えたのです。「学費が大変だから」という理由は、「学費がなくなったら加入できる」と変換できます。

果たして私の目論見が当たり、2年後に訪問したところ「よく覚えていましたね」と感心してご契約をいただきました。

このようにお断りいただいたお客様でも、ライフスタイルの変化によって、前向きに検討していただけることがよくあるのです。

お客様のライフスタイルも、世の中の状況もどんどん変化します。そして生命保険会社の商品も変化していくことを考えれば、お断りいただいたお客様であっても十分見込み客として成り立つということが、わかっていただけるでしょう。

そのためにもこちらの提案についてお断りされたときには、その理由をできるだけ具体的にお聞きするようにしましょう。

商品に不満があり加入しないということであれば、お客様の希望に沿うような新たな商品が発売された時点で再度アプローチをすることができます。

私が先に挙げた事例のように、加入したいが掛け金を捻出することができないということであれば、お客様のライフスタイルの変化が生じるタイミングを見極めて、再度アプローチをすればいいのです。

見込み客とは長いお付き合いを心がけましょう。

ただし、生命保険の加入には健康状態等の問題もあるので、その点は十分な配慮をお願いします。

定期的な営業活動でライフスタイルの変化を見逃さない

このように考えると、見込み客はかなりの数になります。しかしセールスパーソンが、見込客からの連絡を待つだけの受け身の態勢では、本当の意味での見込み客とは言えません。

定期的な営業活動、挨拶状、訪問面談・WEB面談等によって、ライフスタイルの変化があるタイミングもしっかり把握し、アプローチするようにしましょう。

これらのほかに相続や医療、介護などに関する法律が改正されたときもアプローチのタイミングとなります。

ライフスタイルの変化とは

＊お子様の出生
＊お子様の進学
＊お子様の成人
＊就職
＊転職
＊結婚
＊マイホームの購入
＊退職
＊病気やケガでの入院、手術
＊金融資産の変化（満期等）
＊相続
＊環境の変化（コロナ禍等）

見込み客に優先順位をつけて営業の方向性を決める

もちろんアプローチのタイミングは、ライフスタイルが変化したときだけではありません。それでは、どのタイミングでどのように見込み客へアプローチすればいいのでしょうか。

アポイントを取るべき見込み客の優先順位をつけるということは、営業の方向性を決めるということです。効率的な営業活動につながり、モチベーションの維持にもつながります。

そこで私がお勧めしたいのは、営業する見込み客の選択を一定の規則にもとづいて行う方法です。訪問する順番や時期などを戦術的に行えば、見込み客の上手な活用方法につながります。

また、見込み客へ決まった行動でアプローチするのをゴール（目標）とすることで、メンタルブロックやモチベーションの低下を避けることができます。

一定期間、同じような条件の見込み客へアプローチする

10日間、または30軒は同じような条件の見込み客へアプローチすると決めます。条件は年代でも家族構成や職業でもかまいません。

60代と決めれば、その条件の見込み客にずっと続けてアプローチをするのです。

もちろんお客様それぞれのお考えはありますが、同じような条件の方であれば共通する部分も多いでしょう。

50代の会社員の方であれば、そろそろ定年退職後の保障を考え直すタイミングかもしれません。75歳以上の後期高齢者であっても年間所得が２００万円以上（単身世帯の場合。複数世帯の場合は合計３２０万円以上）の方は医療費の負担割合が2割になっています。会社に40年以上勤められた方であれば多くの方が対象になると言われています。

ところが、同じ話題でも30代の方にとってはあまり実感がわかず興味を持たれないでしょう。

同じ年代のお客様へ続けてアプローチすることで、その方たちに共通する悩みや不安がよくわかるようになってきます。気になる話題や興味が見つかるかもしれません。そ

うするうちに、会話がどんどん上手になりますから、クロージングまでの流れをうまくつくれるようになるはずです。

家族構成が同じような見込み客へのアプローチも同様です。家族構成は生命保険の販売時の重要なポイントになります。

学齢期のお子様がおられる家庭では、世帯主の方の収入保障や就業不能に対する保障をアプローチしてみてはいかがでしょうか。

この場合も先程と同じように細かいニーズは違うかもしれませんが、共通する部分はたくさんあります。面談するうちにお子様への想いやその世代の方々の考え方もわかってきますし、自分自身が知らなかった情報を教えていただくこともあるのです。

それらが次の見込み客へのアプローチに役立ちます。私自身、お客様から得た教育情報を別のお客様との会話のなかで「こういった話もあるようですね」とお伝えして喜ばれたことがありました。

このように一定期間、同じような見込み客へアプローチすることはとても効果的で効率のよい手法です。

ほかには、契約年齢が上がる前の見込み客を選択する場合もあるかもしれません。「今がちょうどいいタイミングです」とクロージングをかけるのです。

ただしこの条件には注意が必要です。クロージングをかけやすいように思えますが、逆にそのタイミングでご契約をいただけなかった場合、次の提案がしにくくなります。断られたときのことも十分に考えてからアプローチするようにしましょう。

第3章

アポイントの取り方

アポイントが必須の時代に

一般的な保険販売営業では、アポイントを取ってから訪問される方が多いと思います。特に2020年以降はコロナ禍で、お客様にお会いすることにとても気を遣うようになりましたので、アポイントなしの訪問はほとんどないのではないでしょうか。

アポイントを取るときは、電話やメール、SNSを使います。スマートフォンの普及によってメールやSNSを使う人が増えているようです。

何を使うかは、セールスパーソン自身の考えややりやすさもありますが、お客様によっても好みや利便性は違いますので、電話を好まれる方、メールを好まれる方、あるいはSNSがいいとおっしゃる方、それぞれいらっしゃいます。

お客様のご要望に沿う中で、自分が得意とすることをより効果的になるように実践し、その上で上手くいかないようであれば、違う方法に挑戦すればいいでしょう。

基本的なアポイントの取り方はこのような流れになります。

電話のアポイントの流れ

既契約のお客様の場合

１　挨拶（丁寧かつ短く）
２　会社名と氏名を伝え、普段のお礼をいう
３　電話した経緯や面談の必要性を簡潔に伝える
４　面談の時間がどのくらい必要か伝える
５　お客様の都合と自分の都合を照らし合わせて日時と場所を決める
　決まりにくいようであれば２つほどの選択肢を提示する
６　話した内容を復唱して確認する
７　お礼を言ってお客様が電話を切ってから切る

すでに契約があるお客様であれば、話しやすいと思いますが、それだけになれなれしい態度は慎みましょう。あくまでお客様であるということを忘れずに、丁寧に明るい声で話すことをお勧めします。

電話は、相手が見えないのでどうしても声だけで判断しますから、声のトーンがとても重要です。少しハイテンションなくらいの方が、お会いしたいという前向きな気持ちが伝わります。

電話でのアポイントが苦手という方にお勧めしたいのが練習です。もしこれまでやったことがない、あるいは最近やっていないという場合は、一度練習してみてください。誰かに聞いてもらってもいいですし、スマートフォンで録音してもいいでしょう。

話すスピードや滑舌は案外、自分自身ではわかっていないものです。話の途中でよく「えっと」と言っているなど自分自身の癖もわかります。

担当変更などで、すでに契約はあるが面識のないお客様への場合は、自己紹介をして、なぜ担当者になったのかを合わせてお話ししてアポイントを取ってください。

【注意点】

電話で注意したいのが、留守番電話に切り替わったときの対応です。

留守番電話が流れた途端に切ってしまう方もいますが、必ずメッセージを残しましょう。電話がかかってきた履歴が残る機種も多いので、お客様があとで気がついたときに「誰だろう？」「何の用だろう？」と気になります。

ですから、留守番電話に話す内容も事前に想定して練習をしておきましょう。これも練習しておけば、慌てずに落ち着いて対応できます。

メールでのアポイントの流れ

1　件名を入れ、アポイントのメールであることがわかるようにする

2　会社名・氏名を入れる

　メールの差出人名があったとしても文頭もしくは文末に会社名と氏名を必ず入れます

3　なぜお会いしたいのかアポイントの必要性をお伝えする

4　アポイントの候補日を提示する

　お客様のご都合に配慮して、複数の日程が必要です

5　基本的にはご自宅への訪問になりますが、そのことについても明記しておく

6　最後に返信を依頼するような挨拶を丁寧に入れる

【注意点】

メールは文面がそのまま残りますから、正しい敬語や正しい表記、また個人情報の扱いについても十分に気をつけましょう。

またＳＮＳを使う場合は、メールと比べてくだけた表現になりがちですが、メールと同様に文面が残りますから、注意してください。

日時の決め方

「ご都合はいつがいいですか」という漠然とした質問はお客様が答えにくく話が進みません。具体的な日程を挙げながらご都合を聞くようにしましょう。

日時をはっきりと伝えず「来週になったら連絡します」「午前中にお伺いします」と曖昧に決めていると、直前でキャンセルされることがあります。

どうしても予定が立たない場合は、アポイントを取るべきではありません。遅刻を恐れて「〇時頃」という言い方も望ましくないでしょう。

お客様のご都合をお聞きして、日時を決めたら必ず復唱し、勘違いのないようにしてください。これも信頼関係を築く上で大切なポイントです。

1　法則にもとづいた方法

お客様のライフスタイルについて質問すれば、パターンを教えていただけることがあります。土日は仕事で、毎週○曜日が休みとか、平日の午前中なら在宅している、などです。その場合は、そのパターンに合わせて今月の第二□曜日でいかがでしょうか、とこちらから提案します。

こうしたライフスタイルは、次回以降のアポイントを取るときにも活かせますから、必ずメモしておくようにしましょう。

2　候補日を挙げる方法

○日または□日の午前、または午後というように、こちらから日程を2、3種類提案してお客様に選んでいただきます。

3　先にNGの日を聞く方法

ご都合の悪い日や時間帯を聞いてから「○日○時でいかがでしょうか」と日時を絞ってアポイントを取ります。

【面談場所】

個人保険の場合は、お客様のご自宅が好ましいでしょう。ご自宅であればファーストアプローチでアイスブレークが行いやすくなります。

ご年配の方の場合は、ご家族が同席される確率が高くなることも好都合です。お客様のご希望であれば職場でもいいのですが、お金や保障にまつわる話は、他の人に聞かれないような状態でお話しできるようにしましょう。

アポイント必勝法は、お会いしたい気持ちを伝えること

訪問のアポイントがうまく取れないという悩みを聞くことがあります。

アポイントを取る際は、保険の営業だからと控えめにする必要はありません。「お客様のこれからの人生に関わる大切なお話です」と自信を持ってアポイントを取るようにしましょう。

直前になって「そちらに行くので、立ち寄せていただいてもいいですか」と連絡をするセールスパーソンもいますが、これではお客様は、面談の必要性を感じません。雑談

ができるような長いお付き合いのお客様ならいいのですが、基本的には訪問の目的をハッキリと伝えて正確なアポイントを取りましょう。

「毎年この時期は訪問しているので今年もお願いします」というアポイントの取り方では、コロナ禍以降は、WEBではできないのか、電話や郵送でも十分ではないかと言われることもあるでしょう。

これを遠回しのお断りととるセールスパーソンもいますが、何が何でも断りたいのではなく、面倒だと思われているだけです。

「必ずお会いしなくてはならないことになっています」と、保険会社の都合や建前をもとにお願いしてもお客様はあまりいい印象を持たれないでしょう。

そうではなく、「一度、お元気なお顔を拝見したいのです」「長くお会いできていないので、ぜひお会いしたく思います」と、何より自分自身がお会いしたいという気持ちを持っていることを伝えてみてはいかがでしょうか？

お客様の気持ちを動かすことができるのは、こちらの気持ちなのです。

第4章

アプローチの重要性

警戒心を解くアイスブレーク

私が生命保険販売の仕事で、全体の7割から8割の力を注ぐのは、ファーストアプローチです。これがお客様との信頼関係の基礎となります。

初めてお会いするお客様だけではなく、再アプローチのお客様であっても新たなご提案をするための最初の面談はファーストアプローチと考えてください。

営業にはお客様の警戒心がつきものです。しかも生命保険の営業は今すぐに必要と感じていない人にお勧めするのですから、より警戒心を持たれやすい状況にあります。ファーストアプローチ、お客様に最初にアプローチをするときに心がけたいのが、お客様の警戒心を解くことです。

ご挨拶をしたあと、私はタオルや洗剤等の粗品を手渡ししています。これはご契約のお礼ではなく、お忙しい方にお話しする時間をいただいたことへのお礼で、デパ地下の試食や車のディーラーが用意する粗品と同様に、警戒心を解くためのアイスブレークの第一歩です。それぞれのお考えがあると思いますが、お渡しするとどなたも喜んでくださるので、効果を感じています。

ヒントを探る雑談

そして、次に雑談です。初対面であっても、２度目であっても、よくお会いしているお客様であっても挨拶、そしてアプローチでの雑談は不可欠です。雑談の中にお客様の多くのヒントが隠れています。挨拶のあとすぐに生命保険の話題に入る方もいますが、ひとまず雑談を切り出してみましょう。

そこで親近感を持っていただくことが、情報収集にも役立ちます。まだ生命保険の話はしません。目的はあくまでアイスブレーク、人間関係の構築にあります。

セールスパーソンが生命保険について説明する内容は、どのセールスパーソンであってもそれほど大きく変わりません。大切なことは、お客様との信頼関係です。１対１の人間関係をどのように構築したかによって契約をいただけるかどうかが決まります。私がアプローチを重視するのはそのためです。まず、共通の話題から入りましょう。できるだけ穏やかで肯定的な話し方をするように注意してください。

雑談がなかなか続かないという人にお勧めしたいのは、褒めることです。ご自宅を訪問した場合は、まずご自宅を褒めましょう。それに続いて、お客様自身のことやご家族のことを褒めます。

お客様によって話題への興味は異なりますし、同じお客様であってもよく話される日もあれば、あまり気乗りしないような日もあります。

雑談が続かないという人は、お客様の反応を気にしすぎているのかもしれません。お客様の予想外の言葉に焦ったり、すげない態度に動揺したりしていると、言葉が続かなくなります。

《例3》

「お変わりないですか?」

「変わりないよ」

「それが一番ですね」

とても簡単なやりとりですが、このようにさりげなく相手を褒める言葉、相手を肯定する言葉を会話の中でたくさん使うようにするだけで、その場が和みます。

雑談のコツは、笑顔を絶やさず、場の空気を凍りつかせないことです。相手の言葉を受け入れながら、余裕をもって次の話題を探しましょう。

1　共通の話題を探る

天気・全国ニュース・身近なニュース・お客様の興味を持たれていることの中から共通の話題を探します。

たとえば、以下のような話題はいかがでしょうか。

■イベント

日本ではお正月に始まり、節分、お花見、ゴールデンウイーク、夏休み、お盆、紅葉、ハロウィーン、クリスマスと一年中、話題には事を欠きません。

《例4》

「夏休みはどこかへ出かけられるのですか？」
「お正月はどのように過ごされるのですか？」
「暖かくなってきましたがお花見は行かれるのですか？」

などです。

「どこにも行きません」と不機嫌そうに答えられたら、「このあたりならご近所にも桜のきれいなところがありますね」と笑顔で返して、さりげなく別の話題に移りましょう。

■タイムリーな話題

今日のお天気、身近な新聞記事のできごと、コロナウイルスに関する情報、物価や税金など後に営業につながる話題も有効です。

■お客様自身やご家族のこと

進学・就職・結婚・出産・リタイヤ・健康に関することなどをお聞きすることは、身近な情報収集になります。

2　お客さまのご自宅を褒める

お客さまのご自宅を訪問する際は、まず視界に入ったものを褒めます。
外観（家の門や庭、おしゃれなオブジェなど）、車、立地や環境（駅から近い、閑静な住宅地、静かなど）・絵画や置きものなど玄関に置いてあるもの（玄関に置いてあるということは見てほしいということです）・身につけているものなどです。

新しい（築年数の浅い）お住まいであれば、お家そのものを褒めることができますし、築年数の経過したマンションであれば立地条件（駅やショッピングモールが近い）などを褒めることができます。

やみくもに褒める必要はないのですが、何気なく「便利なところにお住まいですね」のひと言がアイスブレークになるのです。

玄関には必ず靴がありますから、そこから話題に結びつくこともあります。

《例5》

小さなお子様の靴があれば「かわいらしい靴ですね。どなたのですか？」

《例6》

もし靴がきれいに片付けられていれば「いつもきれいにされているのですね」

褒めるときに気を付けないといけないのは、事実を曲げるような褒め方はしないということです。

《例7》

玄関の置物を「高そうに見えます」と褒めたつもりが、お客さまから「安物よ。1000円だったの」と言われたら、なんと返せばいいでしょうか。

私は「お買い物上手ですね」と高級そうに見えるものを安価で買ったことを褒めるようにしています。

3　お客様ご自身や家族を褒める

訪問時にお客様との関係をもっと深めたいと思うなら、まずはお客様の気分をよくすることです。そのためにはお客様のことをもっと褒めてみましょう。

仕事に関係のない場でも好意を持った人に対しては、その人のことをもっと知りたいと思いませんか？　恋愛もそうです。そういうときは、自然と相手を褒めたりするものです。いきなり相手を否定するような言い方はしません。

お客様に対しても興味を持って多くの情報を聞きましょう。難しく感じる場合は、ひとまずお客様のことを「どのような人だろう」と関心をもって接してください。

あまり褒めすぎるのも白々しいと思いがちですが、褒められてイヤな気分になる人はほとんどいないのです。

ただし、単純に「すごいですね」というだけでは相手もシラけてしまうかもしれませんから、具体的に何に対して褒めているのかを相手に明確に伝わるような褒め方をするといいでしょう。

お客様ご自身のことを褒めるなら、外見や経歴などよりも健康に関することやライフスタイルをテーマにすると相手の方も素直に喜んでくださることが多く、情報収集にもつながります。

こちらが褒めることで、お客様は気分が良くなり多くのいろいろなことを話されます。その情報が次のステップにつながるのです。

また、配偶者・お子様・お孫様などの家族や身内の方を含め知人等を褒めるのもいいでしょう。多くの方は身近な存在のことを褒められると喜ばれます。

自分の身内や知人、お知り合いで有名なプロスポーツ選手や芸能人、あるいはオリンピック選手が存在したら誰かに話したくなるものです。

しかし、自分から進んで話すほどのことでもありません。ですからこちらから持ちかけると話が弾むことが多いです。

《例8》

お客様が「うちの子は勉強できなくて」とおっしゃったとき、事実を知らないのにとっさに「そんなことないですよ」と否定してしまうことがあります。

この場合は「ご謙遜を」と言ったあとに、こんな質問をしてみます。

「スポーツや部活はされているのですか?」

すると、「サッカーは頑張っているの」と話がつながることがよくあります。

これが褒めるきっかけになるのです。「何歳から始められたのですか?」「どこかのチームに入っているのですか?」と質問を重ねながら話を進めます。

お客様はご自身を含め家族のことはよく思ってほしいのが本音です。

《例9》
お客様のご自宅の玄関が片付いていないときにお客様は「散らかっていてすみません」

とおっしゃられることがあります。

こういうときもとっさに「そんなことないですよ」と返してしまうことがありますが、これも事実に反しています。かといって「そうですね。たしかに散らかっていますね」と言うわけにもいきません。

この場合は事実をそのまま受け止めて「お忙しくされているのですね」と返すといいでしょう。仕方ないことですねという意味を含んでいますから、これもお客様を肯定し、お仕事がとても忙しいことを褒めていることになります。

会話の目的は、褒めることではなく、褒めることによってアイスブレークがスムーズに進むことです。お客様との距離がなかなか縮まらないと悩まれている方は、褒めるトレーニングをしてみてはいかがでしょうか。褒めることも練習でうまくなるのです。

褒めるトレーニング

●トレーニング１

自分の腕時計を目の前に置いて特徴を１分間で10個、褒めてみましょう（腕時計以外でもかまいません）。

A腕時計（新しくきれいな場合）

1　おしゃれですね
2　素敵なフォルムですね
3　文字盤が素敵ですね
4　最新のモデルですね
5　とても見やすいですね
6　高価な時計ですね
7　高性能ですね
8　ベルトが時計にマッチしていますね
9　お手入れをよくされていますね
10　とても使いやすそうですね

B腕時計（あまりきれいではなく古い場合）

1　レトロな雰囲気ですね
2　おしゃれですね
3　お似合いの時計ですね
4　操作が簡単そうですね
5　見やすくて時間がわかりやすいですね
6　高価な時計ですね
7　重厚な時計ですね
8　希少な時計ですね
9　希少な（プレミアな）時計ですね
10　哀愁を感じる時計ですね

　このように、褒め方にはたくさんのバリエーションがあります。このトレーニングの目的は、褒め言葉を自分の中にストックしておくことです。ストックが多ければ多いほど、臨機応変に対応できます。

　ただし、お客様の反論を受ける場合もあります。

　たとえば「6　高価な時計ですね」に対して、お客様が「安物だよ」「何を見当違いなことを言っているのだ」と言われた場合、「そう見えません」と返しては、相手の言葉を否定することになるので、「そうなんですね」と肯定をして「お買い物上手ですね」と高価に見える買い物をしたお客様自身を褒めるようにしましょう。

　身につけている物、持ち物であっても、自分自身のことを褒められているような気分になるものです。

わからないときは、質問しながら褒める

　また、褒めたくてもセールスパーソン自身に知識がなかったり、興味がなかったりすることが多々あります。外国製のとてもいい時計のように見えるけれど、ブランド名まではわからない。古くてとても価値のある時計のように見えるけれど、よくわからない。

そういう場合は、無理にお客様に話を合わせるのではなく、また知っているように見せることもせずにこのように会話を続けます。お客様に質問しながら褒めるのです。腕時計の場合は「いつ購入されたものですか？」と質問します。

《例10》
「最近だよ」
「さすが最先端のものをお持ちなのですね」

《例11》
「もう10年以上前から持っているよ」
「物を大切されるのですね」

お客様に質問することで、回答が得られます。その事実を褒めるのです。これなら知ったかぶりをして失敗することがなく、お客様との関係性をぐっと近づけるアイスブレークになります。

これを踏まえてトレーニング2と3も練習してみましょう。2人組で行いますから、仕事仲間と、あるいは研修などで行うといいでしょう。1人で行う場合は、身近な人を思い出しながら行ってみてください。

●トレーニング2

2人組で、お互いを1分間で10個、褒めてみましょう。褒めることは、視覚からわかることに限定します。交代して行ってください。

●トレーニング3

2人組で、相手と対話しながら得た情報をもとに褒めてみましょう。制限時間は3分間です。いくつ褒められるでしょうか。交代して行ってください。

自分自身が褒められたときの気分はいかがでしたか？　どんな褒められ方をするとうれしいでしょうか。

褒めることだけではなく、自分が褒められる立場を経験することもポイントです。そのときどう感じたかが、褒め上手につながります。

雑談が苦手、人をうまく褒めることができない、という方はたくさんいます。しかし特別なスキルは必要ありません。練習次第、努力次第でうまくいくようになるものです。

プライベートでは無口だけれど、営業の仕事中はとても滑らかに話をする方もいます。自分はそのような性格だから仕方がないと諦めるのではなく、どうすればうまくいくかを考えながら読んでください。

既契約者へのアプローチ

2020年から始まったコロナ禍で、ビジネスのやり方も大きく変化しました。保険営業の仕事も例外ではありません。新規開拓のための飛び込み訪問やテレアポといった従来の営業スタイルがほとんどできない状況になっています。

これまでも生命保険会社では「年に一度、契約の確認をしましょう」と指示していましたが、コロナ禍ではすでにご契約のあるお客様宅へのアプローチに絞っている会社も多いようです。

私は、すでに契約をいただいたお客様も見込み客であると考えています。

ここでは、すでに契約のある契約者宅を訪問する場合、どのようなアプローチをすれば、新たな契約につながるかについて、お話しします。

多くのセールスパーソンは、現在の契約内容をお客様と一緒に確認します。保険金受取人もしっかりと確かめてください。

そこからこのようにして提案につなげていきます。

1　契約の背景を知る

契約内容の確認をする際には必要な事項を確認し、詳しい説明や注意喚起が必要な事項についてしっかりと説明します。ここまではほとんどのセールスパーソンが行っていることですが、そこでさらに質問します。

まず知っておきたいのは、お客様の加入に至った背景です。

ご自身がお客様の営業担当者として直接営業して契約していれば当時の経緯がわかりますが、契約当時の担当者が転勤、退職等により担当を引き継いでいる場合など加入の経緯が把握できないこともあります。その場合は、必ず質問して確かめるようにしましょう。

加入の経緯は、友人や親戚が保険会社の仕事をしていたから、職場に生命保険営業の人が来て勧められたから、親が加入してくれたものを引き継いだからなど、さまざまな理由があります。

共通するのは、どなたもご自身が納得して加入されているということです。お客様の加入当時のライフプランの中で、最適な商品を選択して加入されていると考えられますので、そのことを褒めながら内容確認をするようにしてください。

「私ならこの商品はお勧めしなかった」「もっといい商品があったのに」というような批判的な言葉は絶対に避けましょう。仮に他社商品であったとしても同様です。もしかすると自社になかった商品を他社で加入されたのかもしれません。

お客様の選択を肯定することで、このあともスムーズな会話が期待できます。

生命保険は大きな買い物ですから、ただ単に勧められただけでは加入しません。何か決め手があったはずです。多くの場合、お客様から積極的に話してくれることはありませんが、ご加入時のことをしっかりとお聞きすることでお客様の心理を知ることができます。しっかりと質問して情報収集しましょう。

こうして得られた情報は、その後のお客様にも活用できるだけでなく、生命保険営業への理解にも必ず役立ちます。

2　お客様のライフスタイルの変化

加入時のライフスタイルと現在のライフスタイルの違いを質問します。単に年齢を重ねられただけではなく、結婚した、子どもが増えた、仕事が変わった、家を購入した、退職した、高齢家族の介護が始まった、など状況が大きく変わっていることも多いのです。

可能なら、契約内容や現在の年齢からどのような状況かを予測し、それにふさわしい提案の見込みを立てておいてもいいでしょう。

3　現在の公的な保障制度と医療の進歩を説明

加入時から現在まで公的な保障制度は大きく変化しています。医療についても同様です。なかでも生命保険と関連が深いのは、後期高齢者医療制度の改正で年収によっては2割負担になっています。

公的年金の受け取り年齢の繰下げ、コロナ禍における医療、医療の進歩により治療方法が変化したこと、入院期間が減っていることなどです。

こうした内容については、生命保険各社が作成している資料や生命保険、医療、あるいは公的年金制度に関する情報を記載した新聞記事など目で見て確認できる資料は、わかりやすく、説得力もあるのでお客様の認識を深めることになります。

こうした説明からニーズを喚起します。

4　現契約内容の不安な点を顕在化

現在の契約内容で対応できない点を明確にして、今後、不安に思える点を伝えます。短い入院には対応していない、入院後の通院には対応していない、また払込保険料の将来負担（増加）や期間を明確にするなど、現時点でわかる情報を正確に伝えましょう。

5　より効率的な保障の見直し

不足していると考えられる保障の提案をする際に、お客様の保険料の負担が増えることを懸念して最初から転換、つまり現在の契約からの変更を勧めることがあります。

しかし資金に余裕のあるお客様の場合は、現状の契約にプラスアルファの提案ができます。

ひとまず、保障内容を充実する提案を考え、お客様の声をしっかり聞いてから効率よい商品設定をしてはいかがでしょうか。

セールスパーソンによっては、営業側の考えをもとに充実した保障を推奨することがありますが、お客様が本当に必要と感じられる保障に重点を置き、効率的な選択をすることが望ましいと思います。

生命保険は多くの選択ができる商品が増えています。お客様一人ひとりの考えをお聞きして、ご希望に沿った提案をすることが大切です。

アプローチがうまくなるＰＲＥＰ法とは？

お客様へのアプローチが苦手だという人の中で多いのは、伝えたい話があるのに遠回しになってしまったり、伝えたいことがうまく伝わらなかったりすることです。

本当はハッキリと伝えたいのですが、どこかで自分自身にブレーキをかけてしまうこともあります。このようなメンタルブロックの解消法については、第8章で紹介します。

アプローチは、まだ具体的な提案ではありません。話を聞いていただくためのステップですからもっと気をラクにしてください。

自分自身が思うようなアプローチができていないと感じている方には、ＰＲＥＰ法を使った会話をお勧めします。

ＰＲＥＰ法とは、ビジネスで文章を書いたり、説明をしたりするときに、相手にわかりやすく伝えるための手法です。

この頭文字をとってＰＲＥＰ法と呼ばれています。まず目的を伝え、次に理由を説明し、それに続いて根拠となる事例を示して、最後にもう一度目的を伝えると、相手の理解が得られやすいのです。

POINT：目的
REASON：理由
EXAMPLE：事例
POINT：目的

これは、お客様に伝えたいことをしっかり伝えるアプローチのための話法です。面談の前に、この順番で頭の中を整理して準備しましょう。実際に自分で声に出して練習しておくと、スムーズにアプローチできるようになるはずです。お客様にとっても「この人はいったい何の話をしているのだろう」と戸惑うことがなくなり、耳を傾けやすくなります。

実際にＰＲＥＰ法を使って、医療保険についてのアプローチを紹介します。

《例12》すでにご加入の場合

Ｐ目的：今ご加入の契約内容についてお話しさせていただきます。
Ｒ理由：なぜなら、ご入院や手術の請求漏れがあってはいけないからです。
Ｅ事例：たとえば、日帰りでポリープの切除手術をされた方が、日帰りでも手術費用が給付される内容の保険に加入されていたにもかかわらず、入院していないから出ないだろうと勘違いされて、給付金の請求をしていなかったことがありました。
Ｐ目的：後日給付金はお支払いしましたが、そのようなことがないようにしたいので、契約内容はご存じと思いますが、再度、お話しさせてください。

《例13》医療保険をお勧めしたい場合

Ｐ目的：現在の医療にあった医療保険の説明をさせていただきたいのです。
Ｒ理由：なぜなら、入院された方の平均入院日数が以前と比べるとかなり短くなっているからです。

E事例：以前は2週間要した入院が、同じ病気でも1週間で退院し、通院回数が増えたために負担が増加した例があります。

P目的：医療保障の内容を説明させてください。

《例14》医療保障の付いた新商品を紹介したい場合

P目的：新しい医療保障についてお話しさせてください。

R理由：なぜなら、お客様の不安を少なくできるように現在の医療制度に合わせた医療保障ができたからです。

E事例：現在の医療制度では、全体的に入院治療が短くなってきています。それに対応して入院日数にかかわらず給付金を一定金額お支払いできる新しい医療保障があります。一泊の入院でも○○日分を先にお支払いするので、目に見えない出費にも対応できます。また退院後の出費の不安を少なくして治療に専念できるのです。

P目的：ぜひ新たな医療保障について詳しく説明させてください。

このようにＰＲＥＰ法を使うと、アプローチをスムーズに進めることができ、お客様にとってもわかりやすくなります。

本当はお勧めしたいのに堂々巡りをしてしまう方や、すぐ話が脇道にそれてしまう方は、ＰＲＥＰ法を参考にして話の順序を意識してみてください。

ただし、ＰＲＥＰ法にも欠点があります。声のトーンや態度によっては、事務的に聞こえたり、理路整然としすぎていて冷たく感じたりすることもあるのです。一方的になりすぎないよう、お客様の反応にも気を配りましょう。

ご自身の意図をうまく伝えるためには、場数を踏むことも必要です。勇気を持って何度かトライしてみてください。

次に、相続対策としての事例もＰＲＥＰ法を使って紹介します。

まず、生命保険を活用してどのような相続対策ができるかを確認しておきましょう。

1　生命保険の死亡保険金支払による相続対策（死亡保険金の非課税を含む）
2　死亡保険金受取人を指定する（決めた人へ財産を残す）ことによる相続対策
3　生命保険を活用した贈与（資金移動）で課税対象額を少なくする相続対策
4　生命保険（被保険者≠被相続人）による評価額の軽減による相続対策

一般的に生命保険に加入されているお客様に営業する際のアプローチとしては、1と2を使うことが多いと思いますから、それぞれのアプローチの方法を紹介します。

1　生命保険の死亡保険金支払による相続対策（死亡保険金の非課税を含む）

死亡保険金に相続税法12条の非課税枠が適用されることはよく知られていますが、ご加入いただいている契約形態によっては適用されない場合があります。

契約者A≠被保険者B、死亡保険金受取人Aの場合は相続税扱いになりません。被保険者Bが死亡した場合は、Aの一時所得になり、非課税枠は適用されないのです。

たとえば契約後、この契約形態のまま長期間が経過している場合、お客様にとって、死亡保険金が一時所得として扱われてもいいのかどうかを確認する必要があります。お客様が非課税枠についてよく理解されていない場合もあるからです。

それを踏まえて必ず契約形態と、５００万円×法定相続人の数の非課税枠を利用しているかどうかを尋ねることをお勧めします。そのことで、加入状況と相続人の人数を把握することができるからです。では、ＰＲＥＰ法を使ったアプローチをしてみましょう。

《例15》

P目的：相続に対して生命保険の契約形態が有効に活用されているか確認をさせてください。

R理由：相続と贈与に関する税制が今後、厳しくなるのではないかと考えています。

E事例：たとえば、契約者と被保険者が相違している場合は、５００万円×法定相続人の数の非課税枠を活用できないことがあります。また、お亡くなりになってからの変更等はできませんので、その都度確認をすることが必要です。

P目的：生命保険を有効に活用いただくためにも現在ご加入の契約形態を確認させていただけませんか。

このように契約形態を確認することで契約者、被保険者と死亡保険金受取人は誰なのか。さらに死亡保険金受取人を確認することから法定相続人の数をお聞きすることができます。

また、法定相続人の数がわかれば、非課税の金額も確認でき、現在の加入状況で十分なのかなどのアプローチにつなげることができます。

2　死亡保険金受取人を指定する（決めた人への財産を残す）ことによる相続対策

死亡保険金受取人の指定について、加入時に遺産をどのように残そうかと考えた上で決められたのであればいいのですが、加入から月日が過ぎるとライフスタイルの状況が変化して現状に合っていないこともあります。

中には、加入時点では配偶者がよいと決められてそのままになっている場合もあるのです。

たとえば、相続税の課税対象になるお客様がおられ、相続人が配偶者とお子様1人の2人だった場合、死亡保険金受取人を配偶者にしている場合とお子様にしている場合とでは相続税の計算が異なります。配偶者には配偶者控除があるので、死亡保険金受取人をお子様にしている方が課税は少なくなる場合もあるのです（正確には個々で条件が変わりますので税理士の方に相談してください）。

要点は、死亡保険金受取人によって相続税の課税額が変わる場合があるということです。また、独身時代に加入された生命保険で、死亡保険受取人がすでに亡くなられている父親または母親のままになっている場合もあります。このようなケースも変更をお勧めしましょう。

ＰＲＥＰ法では、このようなアプローチができます。

《例16》

P目的：生命保険の死亡保険金受取人の確認をさせていただけますか。

R理由：加入時に受取人を決められてから時間が経っていますので、状況が変わっている場合があります。

E事例：受取人が亡くなられているのに変更していなかったために相続時に複雑な手続きが必要になったり、受取人によって非課税枠が使えなかったりするケースがあります。

P目的：そのようなことをなくすためにも死亡保険金受取人の確認をさせていただけませんか。

相続については、平成27年に基礎控除が「5000万円＋1000万円×法定相続人の数」から「3000万円＋600万円×法定相続人の数」に変更されたことで、相続税を気にされるお客様が増えました。

実際に、それまでの基礎控除であれば、相続税を支払わずに済んだのに、変わったために相続税を支払うことになった方や、相続税の支払額が増えたという方がたくさんおられます。

そこで遺言書を残そうと考える方も増えたのですが、実行される方は少ないようです。生命保険は、死亡保険金の受取人指定ができますから、特定の人に財産を残すという遺言書的な働きをします。お客様の現状に合った契約形態にされるようなお話をしましょう。

《例17》

相続税の話をすると「私のところは関係ないから」とおっしゃるお客様が多くおられます。その場合は、

「家庭裁判所で相続のことで争われている人の多くが相続税の課税がされない人だと聞きます。つまり相続税が課税されるか否かにかかわらず、そもそも相続が起こることで争いが起こるのです」

と、お話しすると、相続対策の必要性をわかってもらえます。

生命保険を有効に活用すれば、相続にまつわる争いを未然に防ぐことができます。そのためにも死亡保険金受取人の確認が必要なのです。

お客様自身に相続が起こった場合に財産をどのように分けるのかを確認しておくことをお伝えすることがアプローチのひとつになります。

若いお客様へのアプローチ

20代から40代のお客様にとって相続は、まだまだ遠い先の話と感じるようです。ところが、ご両親の生命保険契約の死亡受取人になっているケースがあります。ご本人が気

づいていない場合もあるので、死亡保険金受取人の話をしてみると、プレゼンテーションにつながることがあります。

「知らない」「わからない」という答えが想定されますが、「お客様自身に関わる大切なことなのでぜひお考えください」とアプローチしてみてはいかがでしょうか。

ご兄弟がおられる方には、「ご両親のお世話はどなたがなさる予定ですか？」と聞くのもいいかもしれません。

そのようなアプローチから相続への関心が高まり、ニーズを喚起することになり、お客様のご両親や親戚の方を紹介していただけることもあります。

第5章

質問力を身につけよう

コンサルティングの基本は質問力

面談で大切なのは、お客様の多くの情報を収集することです。そのためには質問力を身につける必要があります。それによって得られる情報の量や質が大きく違ってくるのです。

お客様の本当の声を聞き出すことができれば営業活動に生かすことができます。お客様との会話の中でも質問はされていると思いますが、質問の目的をさらに明確にしてより多くの情報を得られる質問方法を学んでいきましょう。

繰り返しますが、生命保険は今すぐ必要だと感じていない方がほとんどです。ところが、納得した方は快く加入していただけます。

セールスパーソンがお客様のニーズを喚起するからです。ニーズを喚起することで潜在的な問題点が明らかになり、その解決のために生命保険が有効だとお客様が判断されます。

あまり質問をしすぎるとお客様に嫌がられると思い、お答えいただきやすいことばかり、繰り返し聞いているセールスパーソンもいますが、嫌がられるというのはあくまで自分の物差しで感じていることにすぎません。

お客様の反応を恐れずに質問していくことが大切です。

たとえば、皆さんが病気になって病院でお医者様に診察をしてもらったとき、こちらの症状を伝えるだけで何も質問されなかったら、不安になりませんか?

この医者は本当に自分のことを気にかけてくれているのか。もっと質問して症状を見極めてほしいと思うのではないでしょうか。私たちセールスパーソンは生命保険のコンサルティングでもあります。生命保険に関する診断をしなくてはなりませんから、そのためには、多くの正確な情報が必要なのです。

生命保険は、預金や貯金とは違い、年齢、性別、職業、健康状態などそれぞれのお客様によって加入条件が変わってきます。そうした情報を十分に踏まえて、死亡保障・入院保障・手術保障・介護保障・年金保障などさまざまな保障を考えながら、お客様のニーズを喚起することが必要です。

ただし雑談のときは、滑らかにお話ししていただいていたのに、こうした質問にはなかなか答えてもらえないこともあります。

その場合は、さらに打ち解けていただくためのコミュニケーションが必要です。立て続けに質問を投げかけるのではなく、お客様の声にしっかりと耳を傾ける傾聴力、お客様のお話を受け止めて肯定する肯定力が役に立ちます。では、実際に質問をどのようにしていけばいいでしょうか。

質問の基本は5W2H

一度にすべてを明確にする必要はありません。多くの質問をすると、すべて答えていただけないことがほとんどです。ただし何について質問するのかは明確にしておく必要があります。

定年はいつなのか。誰を保険金受

質問の基本は5W2H

WHEN　いつ

WHERE　どこで

WHO　誰が

WHY　なぜ

WHAT　何を

HOW　どのように

HOW　MUCH　いくらくらい

取人にするのか。どのような保障が必要なのか。というように、この5W2Hを思い浮かべながら質問すると、より具体的な情報が得られます。

問題点を顕在化する質問方法

実際の面談ではお客様の関心のある事柄、悩んでいる事柄を中心に質問を広げていくといいのですが、お客様自身が何に関心があるのか、どこに問題があるのかを正確に理解されていない場合もあります。

質問は、お客様がまだ気づいていない問題点を顕在化していくことにも有効です。まずは多くの共通する話題から質問し、そこからお客様について知りたいことに優先順位をつけて質問します。

1　老後はいくつから?

老後といってもそれぞれの状況や考え方が違います。定年を迎える時期も人それぞれです。まずはお客様にとって、老後はいつからなのかを聞いてみましょう。

《例18》

「一般的に定年は60歳から65歳に変わりつつありますが、お客様は老後をおいくつぐらいからと考えておられますか？」

「日本人の平均寿命が延びて公的年金も繰下げ制度で75歳開始ができるようになりましたが、お客様がお考えになる老後はおいくつぐらいからですか？」

この質問には定年や公的年金の繰下げという興味をひきやすい話題を入れ、さらに65歳、75歳など具体的な数字を示しています。こうすることで、お客様が答えやすくなります。

ここで「70歳くらいかな。定年は65歳だけど、そのあとも会社に残るつもりだから」というように、お客様の状況や考え方がわかるお返事をいただければ、次の質問につなげます。

2　老後はどう過ごす？

セールスパーソンが必要な情報は「資金の準備」と「健康状態が悪くなったときの準

備」です。

状況の把握から、問題点を顕在化し、解決を促す質問を紹介します。

(1)　状況を聞く

お客様のライフプランを考える上で一番基本となる情報です。ライフプランの方向性（優先順位）を想定するためにしっかりと状況をお聞きしましょう。必要な情報は、このようなことです。

○**家族構成**：ライフプランを作成する際に必ず必要です。

＊独立したご家族も含めます。

＊生命保険の保険金受取人や相続関連の情報としても有効です。

＊指定代理人請求制度の利用時に必要です。

○**収入**：ご家族全体の収入、可処分所得や余裕資金を把握しましょう

○**職業（定年の有無）**：公的年金の種類や老後の準備資金を考える際に必要です

○**貯蓄・ローン（借入）等**：将来の準備資金や相続対策を考える際に必要です

○現在の加入の生命保険の内容（証券分析により可能です）：ライフプランに合致しているか確認するために必要です

○将来のお客様自身の夢や希望：プレゼンテーションの際に必要になります

聞き方次第で正確な答えをいただけないこともあります。次のような場合です。

《例19》

「お子様はおられますか？」

「いない」とお答えいただいても、この質問では、一緒に住んでいなくて「いない」とお答えされる方もいます。結婚して別世帯で生活しているお子さんがいる場合もあります。「生命保険金の受け取りに対して５００万円×法定相続人の数という非課税枠がありますが、法定相続人は何人おられるのですか？」と具体的に質問すると、より必要な情報が得られます。

私たちは生命保険のセールスパーソンとしてお客様のコンサルティングを行っていま

すから、漠然とお子様のことを聞くよりも、生命保険に結びつくような質問をした方がお互いにとって有意義です。

そんなことを聞いてお客様が気分を害したら、と心配する方もいます。お客様に嫌われないよう踏み込んだ質問をしてはいけないと考える方が多いのです。

しかし、本当にお客様のニーズ喚起をするのであれば、正確な情報が不可欠ですから聞き方を工夫して質問しましょう。

(2)　問題点を聞く質問

お客様自身が予測されている問題点を確認しましょう。

○**老後資金**：老後２０００万円問題、公的年金への不安

○**ご家族への不安**：老後や死亡時の心配

○**健康の不安**：新型コロナウイルスのようなパンデミックへの対応、病気になった時の入院や就労継続への不安

○**自分の夢や希望の実現に向けた問題点**：将来なりたい自分のイメージの実現可能性

(3) 気づきのための質問

お客様自身が気づいていない問題点を質問によって顕在化します。

○医療保障は加入しているが、現在の公的医療制度等を理解しているか
○相続税の基礎控除額が減り、相続税の対象となる世帯が増加したことを認識しているか
○公的年金制度の変更点や問題点を認識しているか

(4) 解決を促す質問

顕在化した問題点の解決方法を提示し、現状のままとの差を認識していただきます。

○現状のまま将来を迎えた時のイメージを持ってもらう
○具体的に解決した時のイメージを持ってもらう
○自分ではなくご家族の不安や心配事を想像してもらう

４つの順位づけの質問をすべて答えていただければ、次のプレゼンテーションはスムーズに進みます。

ただし、本当のことを言ってもらえなかったり、お客様ご本人が認識されていなかったりすることがあり、すぐに答えてもらえないケースも出てきます。

プレゼンテーションへつなげるための必要最小限の情報は確保しなくてはなりません。お客様の答えを導きやすくする質問方法を考えていきましょう。

５Ｗ２Ｈを思い出してください。質問の中に具体的な数字や状況を入れることで、より答えていただきやすくなります。

《例20》お客様の余裕資金（預貯金）を知りたい場合

「預貯金はおいくらくらいお持ちですか？」「定期預金に預けられていますか？」と質問しても、はっきり把握していない場合や言いたくない場合は答えていただけません。

「定期預金に５００万円くらいお持ちでないでしょうか？」というように具体的な質問なら、答えは「はい。あります」か「いいえ。ありません」ですから目安が立てやすくなります。

「なぜそんなこと聞くの？」と逆に質問された場合は「500万円からお預かりできる商品があります」など具体的な金額とともに理由をお伝えします。

「預貯金はどうでしょうか？」と曖昧な聞き方は、お客様にとってはとても答えにくい質問です。具体的な数字を入れるなどして、できるだけ相手が答えやすい質問にしましょう。

《例21》現在加入されている生命保険の死亡保険金がいくらか知りたい場合

「保険金の非課税分（500万円×法定相続人の数）は加入されていますか？」

法定相続人の人数と現在の死亡保険金を聞くことができます。

《例22》住宅ローンについて知りたい場合

「ご自宅のローン金利は何％ですか？」

お答えできない方には

「いつ頃に借り入れたのですか？」

「どこで借りられましたか？　銀行ですか？　それとも住宅金融支援機構（金融公庫）

ですか？」

など、お客様の覚えていそうな質問をすると答えていただきやすくなります。

身近な話題を利用して質問する

年収や財産状況を知りたい場合は、身近な話題を利用すると警戒が解けることがあります。

《例23》年収を知りたい場合

所得税率や地方税の金額から話を進めることもできますが、「ふるさと納税はされていますか？」という質問も有効です。している場合は、いくらくらいしているのか、していない場合は、ふるさと納税のサイトから、税金控除額の算定ができますから、そこから年収につなげることもできます。

《例24》老後についての考え方や準備資金を知りたい場合

「公的年金受給開始年齢の繰下げ年齢が70歳を75歳まで可能にする話をご存じです

か？」と最近の話題を提供し、「老後資金としてはご夫婦お2人で2000万円必要だというデータもあります」など、お客様の意識を顕在化してこれからの問題点を聞き出します。

このように数字を出して質問すると、お客様もよりイメージしやすくなり、会話が進むのです。

第三者話法を活用する

第三者話法とは、そこにいない他者の例を引き合いに出すことです。多くの方は、他の方の事例に興味を持たれます。それを回答につなげるのです。

《例25》現在の医療保障の内容やお客様自身の健康への認識を知りたい場合

「保険のきかない治療で莫大な費用がかかったお客様がおられました。そのようなことはないと思いますが、今の保障内容をご存じですか？」

先進医療による高額な支払い事例をお話ししてお客様の状況を確認します。

《例26》相続のことは大丈夫と安心しているお客様への注意喚起

「裁判所で相続問題が増加しているようですが、準備されていますか？」などと世間の動きを伝えることで、お客様もご自身の問題点を意識されます。もめたくないという意識は誰しも持っていますから、心情的なことも織り交ぜながらお話しすると効果があります。

以上、お答えしていただきやすい質問方法を上げました。

自分がどのような情報を得ようとしているのかを明確にして質問することが大切です。家族構成や年齢などご本人が当然知っている事項は、回りくどい言い方はせずにダイレクトに聞くことをお勧めします。

つまり、質問力を身につけるとは、知りたい情報をしっかりと得ることです。

お客様のライフスタイルを見極めて潜在的な問題点を顕在化し、その問題点をどのような商品でプレゼンテーションし解決していくにあたって、お客様の本音を知ることは重要です。自信を持って質問しましょう。

気持ちよくお答えいただくために役立つ「さ・し・す・せ・そ」を紹介します。どんなお答えであってもお客様の言葉をさえぎったりせずしっかりと耳を傾け、このような相槌を打ってお客様を肯定します。

さ　さすがですね
し　幸せですね
す　すばらしいですね
せ　センスがありますね
そ　そうなのですね・そんなことがあったのですね

そうすれば、さらにお答えいただけるようになるはずです。

多くの生命保険会社はいろいろな情報の資料やアプローチのためのアンケートなどを準備しています。

お客様からの情報収集が苦手なセールスパーソンの方は、それらを活用するといいでしょう。一度、目を通してみるだけでも新たな発見があるかもしれません。

次は、いよいよプレゼンテーションです。

第6章

問題点の解決につなげる提案力

お客様と問題点を共有する

お客様との会話が進み、必要な情報を得ることができれば、次はいよいよ提案です。そのときに出たばかりの新商品を提案する方もいますが、商品ありきではなく、まずお客様から収集した情報をもとに、問題点を認識し、提案につなげます。

問題点の認識

1　お客様の考える問題点を認識する

お客様の現在の状況やお聞きした内容から、お客様はどんな点を問題だと認識しているかを確認します。

2　お客様と問題点を共有する

お客様自身が楽観的で、将来の問題を認識しておられないことや、お客様が問題点と感じていることと実際にセールスパーソンが感じている問題点が一致しないこともあります。

《例27》

自営業のお客様が将来の年金が少ないことから老後資金に不安を感じているとします。

将来の年金不足を補うための商品を考えなくてはなりませんが、セールスパーソンが認識した問題点はほかにもありました。

入院・手術などの際の医療保障です。入院や手術に関して、日本には高額医療制度があり支払いの上限が限られているから大丈夫と考える人もおられますが、自営業の方の場合、入院した時の経済的なダメージは、医療費の自己負担部分だけではありません。

自営業の方の場合、入院（療養）期間には、本来得られるはずの収入が得られないという経済的ダメージも考えられます。さらに医療費以外にもお見舞いの方の交通費などの新たな支出も生じるでしょう。収入の減少と入院時にかかる費用、さらにそれ以外の支出を補うための資金が必要ということです。

このようにお客様が認識していない問題点を顕在化し共有することで、より正確なアドバイスができるようになります。

3　問題点に優先順位をつける

例27のように顕在化した問題点が複数ある場合には、優先順位をつけることが必要です。

不動産販売のセールスパーソンは、まずお客様の希望する条件を確認します。ところが、駅近くの広さ100㎡以上でタワーマンションを希望されても条件をすべて満たす物件がない場合や、物件があっても資金的に難しい場合には、お客様に、優先順位をつけていただくようにお願いするでしょう。駅近と広さだけは譲れないとおっしゃれば、中古物件も選択肢に加えますし、どうしても新築がいいとおっしゃれば、駅からは少し遠い物件も選択肢に加えます。

生命保険でも入院・死亡・手術・介護・教育資金・老後資金（年金）など、あらゆる保障内容を求められても、支払うことのできる保険料に制限があれば、質問から得た情報を中心にお客様の優先順位を明確にした上で、提案する必要があります。それが提案力です。

提案力向上のための5つのポイント

生命保険商品の提案力とはどのようなことでしょうか？　生命保険は目に見えない無形の商品ですから、加入することで、お客様にとってどのようなメリットがあるのか、お客様の不安がどのように解決するのかをイメージしていただけるように説明して提案することが非常に重要です。

お客様の情報を収集し、すでにお客様が認識している問題点の解決策を提案するだけではなく、さらに潜在的な問題点を顕在化し、不足部分を補うような役割をしなくてはなりません。お客様がなんとかなるだろうと楽観的な場合は、将来に向けての準備の必要性を感じていただくためにも提案力が不可欠です。

提案時に、注意すべき点を挙げます。

1　わかりやすい言葉を使う

提案する際に、資料を提示して専門用語等を使ってしまうことがあります。セールスパーソンにとっては日常的に使っている用語であっても、お客様は生命保険の仕組み自体を難しいと感じておられますので、必ずわかりやすい言葉、普段の会話で使うようななじみのある言葉に言い換えるようにしましょう。

2　少しずつ確認をしながら話を進める

提案する際は、どうしてもセールスパーソンが話す時間が長くなります。しかし熱心なあまり一方的になってしまうのは問題です。お客様は退屈していないか、わかりにくいと感じておられないか、少しずつ区切ってその都度お客様の理解度を確認しながら話を進めましょう。こちらから質問を投げかけて、お客様にも発言していただくようにすると、コミュニケーションがスムーズになります。

3　第三者話法を取り入れる

ここでも有効なのが第三者話法です。他の人がどのような保険に加入しているのかに興味をもつお客様が多いので、他の方がどうしているかという情報がとても役に立ちます。

セールスパーソンがこれまでに耳にした事例や、実際にあった事例をもとに、生命保険に加入して喜ばれた話や加入していなくて困った話などをセールストークに織り交ぜながら話を進めると、お客様との距離がぐんと縮まります。

ただし、事例をお話しする際には、個人情報の漏洩にならないよう、表現には十分、注意してください。

4　データや資料などを用いて具体的な数値の提案をする

お客様がご自身の介護について不安をお持ちの場合は、家族構成や具体的にどの方のお世話になるのか、どのような介護方法を望み、それぞれ費用はどれくらいかかるのかについて厚生労働省や各保険会社の資料等をもとに、具体的な金額を提示して提案すると、お客様がどのような保険が必要なのかを理解しやすくなります。

使用する資料やデータは、厚生労働省などの行政機関のものはお客様にも信頼していただけるでしょう。生命保険会社からも役に立つ情報がたくさん出ていますので、ご自身が活用できそうなデータを探して、提案書と一緒に準備しておくようにしてください。

数値だけでなく、グラフや図などがあれば、さらに効果的です。こうした情報は、口頭でお伝えしても印象に残りません。印刷して持参すれば視覚的に理解できるという点でもお勧めです。

5　加入した場合をイメージしやすい話を盛り込む

ここでは、例をあげて説明します。

《例28》子どもの学資資金に不安をお持ちの場合

お子様の進学先が公立か私立か、文系か理系か、あるいは自宅から通うのか下宿するのかによっても必要な資金は変わってきます。資料を活用して、どのような進路であれば、どれくらいの金額が必要かを提示し、お客様の年収や準備状況をお聞きしながら、提案します。そして「希望の学校へ進学できたお子様は、きっとご両親に心から感謝されることでしょうね」とお伝えするのです。

「教育ローンは大変です」「奨学金をあてにするのはお勧めしません」などと不安をあおったり、否定的な表現をするよりも、楽しいことをイメージしていただけるようお話ししましょう。

《例29》医療保険を提案する場合

資料を用いて、平均の入院日数や費用などの説明をして、

「給付金が一日○○円出ますので入院費の心配は少なくなります」とお伝えしたあとに、さらに「もしご入院されても費用を気にすることなく個室で治療に専念できます」というように、具体的なイメージが湧くようなお話をすると、加入することのメリットがより鮮明になります。

「きっと回復も早いでしょうね」

「ご家族も生活の不安が少なければ、看病に専念できますね」

など、治療や家族への想いもイメージできるような言葉を伝えましょう。

《例30》年金型の商品を提案する場合

「将来は公的年金と合わせると、月々○○万円受け取れますから、かなり優雅な生活が待っています」という説明もいいのですが、これにプラスして「将来お受け取りいただける年金で毎年、ご夫婦そろって海外旅行に行けますね」と、さらに具体的な表現をすることで、より豊かな老後生活のイメージがふくらみます。

お金の使いみちについてはお客様により違いますが、このようなことができる可能性があるということがイメージできるような説明は、お客様がとても前向きな気持ちになっていただけると思います。

《例31》終身保険を提案する場合

死亡保険金について説明し、「お亡くなりになられたあと、残されたご家族にとって税金の心配が少なくなります」とお話ししたあと、さらに「この提案は、ご家族が仲良くできる方法です」「きっとご家族が感謝してお墓参りに来てくれます」など、この保険に加入すれば、どのようになるかをイメージしてもらう表現を付け加えます。

セールスパーソンは、お客様の将来に起こると予測できる問題を解決するために提案するのです。収集した情報を整理し、コンサルタントとして、お客様の希望する将来の方向性を共有しながら提案することで不安の解決を促します。

お客様自身が問題点を実感しておられない場合にも、このように具体的なイメージを伝えることで、より生命保険のメリットを理解してもらいやすくなるのです。

第7章

契約を促すクロージングとは？

人間の意思決定は必ずしも合理的ではない

ここまで生命保険の販売について見込み客の考え方、アポイントの取り方から、情報収集、具体的提案と書いてきました。この章ではいよいよご契約を促すクロージングについて説明します。

クロージングは、ご契約いただけるかどうかという大変重要なポイントです。しかしお客様の不安を解消する素晴らしい提案をしたとしても、必ず躊躇しお断りされるお客様がいることは、皆さんもご存知でしょう。

ここでまず人間の心理について、『プロスペクト理論』をもとに考えます。

プロスペクト理論とは、人間が予想される利害額や確率などの条件によって、どのように意思決定を行うのかをモデル化したものです。

この理論は、人間の意思決定は必ずしも合理的に行われるのではなく感情や感覚による「ゆがみ」があることを明らかにしています。

2つの問題を一緒に考えてみてください。

ここにAとB、2種類のくじがあります。あなたはどちらを選びますか?

くじＡ：１００％の確率で４００００円がもらえる
くじＢ：80％の確率で５００００円がもらえるが、20％の確率ではずれがある

おそらくはずれのない「くじＡ」を選ぶのではないでしょうか。
期待値（報酬×確率）はどちらも４００００円で同じなのですが、人はなぜか「くじＡ」を選びます。これは確実にもらえることを重視するからです。

それでは次のくじを引いてみましょう。
ここにＣとＤ、２種類のくじがあります。あなたはどちらを選びますか？

くじＣ：１００％の確率で４００００円の罰金を支払う
くじＤ：80％の確率で５００００円の罰金を支払うが、20％の確率で罰金は支払わなくていい

さて、どちらを選ばれたでしょうか。私は「くじD」を選ばれた方が多いと予想します。この場合も期待値はどちらもマイナス4000円で同じなのです。それなのに「くじD」を選択します。

つまり得をする場合は、安定性を重視してくじAを選び、損をするときはそれを回避する可能性がたとえ20%でもあるなら、くじDに賭けようとしてしまうのです。

これは何を意味するのでしょうか。

最初のくじのように、もらえること（得すること）は安定した方を選ぶ傾向があるということです。金融資産でいうと、預金や貯金が好まれるのはそのためだと考えられます。

「自分だけは大丈夫」と思いたい

ところで、2番目のくじのように、支払うこと（損すること）はできるだけ回避したいので、罰金なしの確率に大きく期待します。

これを医療保険に置きかえると、加入していれば、入院したときの支出が少なくてすむのです。しかし加入していなくても病気にならなければ、そもそも支出はかかりません。

だから、どんなにいい商品が目の前にあっても、自分は病気にならない可能性が高い、自分だけは大丈夫と思おうとします。

人は病気にならない確率が低くても、その可能性を過大に評価して、支出が少なくてすむこと、つまり加入しないことを選ぶのが人間の一般的な心理といえます。

人の意思決定はこのように必ずしも論理的とはいえず、矛盾があるのです。

こういった深層心理からお断りをされるお客様も多くいることを知っておいてください。

クロージングに有効な６つの手法

では、どのようなクロージングをしていけばいいのでしょうか。

クロージングには、多くの話法がありますが、ここでは４つの手法を紹介します。状況に応じて上手く使い分けられるように、具体的なケースに分けてトレーニングしましょう。

1　テストクロージング

提案した商品の内容やメリットについて納得していただいているかどうかをテストし、確認することで、契約へのステップにつなげます。

《例32》

「ここまでの商品のメリットはご理解いただけましたでしょうか?」

「内容や払込方法についてご不明な点やご質問はございませんか?」などと質問し、実際に理解しているのかどうかを確かめます。

お客様が「やっぱりそれほどいいとは思えないんです」とおっしゃれば、再度、メリットについての説明に戻りましょう。

「払い込みは、いつから始まっていつまでですか?」と質問されたら、払い込みについて再度丁寧に説明し、お客様の不安や疑問をその場で解決するように心がけてください。

2　二者択一の選択クロージング

商品の提案をしておおよそのプランは決まっていますが、さらに詳細を詰めていく際に、お客様が選びやすい二者択一の選択肢を用意して問いかけます。

そうすれば、契約していることをより具体的にイメージしていただけるようになりますから、それを契約へとつなげるのです。

《例33》

医療保険の保障内容について「ご入院の際は1日10000円か15000円か、どちらの方がよいと思われますか？」

《例34》

払込期間の選択では、「お支払いは60歳までか65歳までか、どちらがよいと思われますか？」

《例35》

払込方法の選択では「お支払いは毎月か年に一度の年払いかどちらがよいですか？」

《例36》

死亡保険金の受取人の選択では「死亡受取人は奥様かお子様のどちらがよいと思われ

ますか？」

などです。

契約するか契約しないかではなくて、契約した場合はどちらの方がいいかという質問をするクロージングです。

3　期限付きクロージング

生命保険は被保険者の年齢により保険料や内容が変わることがあります。お誕生日が過ぎて年齢が上がると、提案している保険の設計自体が変わるのです。

そこで、提案している保険への加入ができる期限を提示します。

《例37》

「年齢により保険料が変わりますので、今のご提案がご契約可能なのは○日までです」とお伝えします。そうすると、早く決めようという気持ちになります。

「○月中にお申し込みいただければと思います」「ご契約に際し○月中に再度お時間をいただくことは可能でしょうか？」と、こちらから契約の時期を提案する方法もあります。

このクロージングで気をつけないといけないのは、その期限を過ぎてしまうと次回のお勧めがしにくい状態に陥ることです。

お客様が契約することは決めているけれど、それをいつにしようかとお考えであれば効果がありますが、契約自体を迷っておられる場合には契約を急かされたと感じ、逆効果になりますので注意してください。

4　限定的クロージング

「お客様だからこそ契約いただける権利があります」と、現在のお客様に限定してお勧めしているプランだということをお伝えするクロージングです。

《例38》

「現在、お元気だからこそ、この保険をお勧めできるのです。ぜひ今のうちにご加入することをお考えください」

現在の健康状態であれば加入できるが、健康状態によっては加入できなくなることがあると伝えます。

《例39》
お客様が会社員の方であれば「お客様のお仕事がお勤めだからこそお勧めさせていただいているのです。定年まで収入が安定していますから保険料の払込みも安心してできます」などと会社員であるお客様だからこそ、お勧めしていることを伝えます。

《例40》
自営業の方であれば「自営業だからこそ病気をしたときの入院などの保障が必要ではないでしょうか」などと保障の必要性が高いことをクロージングに使います。

どのような状況、どのようなご職業であっても、今のお客様だからこそお勧めしているのですということを伝えましょう。

5　沈黙クロージング

お客様が真剣に検討している時に沈黙が続くことがあります。

その場合は、こちらもできるだけ沈黙を守ることが大切です。この時に話しかけてしまうとお客様自身の集中力が途切れてしまいます。

できる限りお客様からお言葉が出るまで待ち、お客様が発言されたときに対応できるようにしておきましょう。

もしもあまりにも長い場合は、「何かご不安はございますか？」「何かご質問はございますか？」あるいは「○○まではご理解いただけましたか？」など、急かすのではなく寄り添うような質問を投げかけてみましょう。

ハッキリとお返事がないようなときには、話をアプローチや提案の段階まで戻して話をしてみると、そもそもなぜこの商品がお客様にとって必要だったのかをご理解いただけることもあります。

NOは永遠にNOではない―有効な再クロージングとは？

いろいろなクロージング方法がありますが、すべてにおいてハッキリとお返事をいただくことが大切です。なぜならYESであればご契約、NOであればその理由をお聞きすることができるからです。

NOとお断りをいただくと、多くのセールスパーソンは落ち込むでしょう。ですが、NOは永遠にNOではありません。そこで質問をして不安や不満を聞き出し、再度クロージングをすることでご契約いただく確率が高くなります。

私自身、何度もそのような経験をしてきました。

再クロージングにおいて有効なのは「感情へ訴えかけるクロージング」です。

1回目のクロージングをかけてお客様からNOと断りを受けた時にがっかりして投げやりな気持ちになってしまうこともありますが、そこで必ず質問をしてお断りの理由を聞き出すようにしてください。

お客様も断る際には、セールスパーソンに対して少なからず申し訳ないと感じていただいています。ですから、質問にスムーズにお答えいただけることが多いのです。それをクロージングにつなげていきます。

そこで有効なのは、お客様の感情に訴えるクロージングです。具体例とともに紹介します。

6　感情に訴えるクロージング

感情に訴えるといっても、「成績が悪くこのままでは上司に怒られるから加入してほしい」などと泣き落としのような手法ではありません。質問をしながらお客様の心を動かすような言葉を投げかけるのです。

《例41》

医療保険をお勧めして、「病気になっても高額療養費制度があるから大丈夫です」とお断りをいただくことがあります。たしかに高額療養費制度があれば、入院や治療費についての費用負担は少なくすむでしょう。あるいはプロスペクト理論でお伝えしたように、特に根拠もなく「なんとかなる」と思われているお客様もいらっしゃいます。

そうした方には、入院された時のイメージが思い浮かぶような質問をします。

「ご入院されている間の収入は減らないのですか？」

「ご入院中の家事などはどなたがされるのですか？」

「ご家族の方は心配されるでしょう。お見舞いにはどなたが来られますか？」

などです。

その質問をきっかけにして、お客様はご自身が入院したときのことに思いを巡らせていただけます。より入院時のイメージが具体的になるのです。

人間の心理として、自分自身の不幸については、なんとかなるだろうと楽観的にとらえがちだとお話ししました。

たとえば、病気やケガで入院や介護を受けるなどの状態に関しては「なんとかなる」ととらえて対策しようとしません。

だから、このような質問が有効なのです。

自分のことについては楽観的ですが、自分のことで親族など周りの人に心配や迷惑をかけることに関しては、対策をしておいたほうがいいと真剣に考えます。

わかりやすいのが自動車の任意保険です。たとえ事故を起こす可能性が低くても多くの方が対人、対物の任意保険には加入します。他人に迷惑をかけたくないという心理が働き、加入しておかないことには不安なのです。

しかし、任意保険の車両保険はどうでしょうか。加入率は対人・対物よりも明らかに低いのです。これは自分の車のことはなんとかなると考えるからです。

このことから、クロージングの際に入院や介護などが生じたときに他の人に心配や迷惑をかけることをイメージしていただくための質問をすることが有効だとわかっていただけると思います。

これが感情に訴えるクロージングです。

《例42》

一般的にお見舞いに対して元気になれば快気祝いがあることも出費のひとつですから、

「お見舞いに来ていただいたりしてご心配をおかけした方々へのお礼もおそらく必要になるでしょうから、入院費以外の出費に対応できる入院保障へのご加入をお勧めします」

という言い方もあります。

生命保険のお断りの言葉で「そんなに長生きしないわ」「そんな先のことはわからない」「この先、そんなに長く払えないよ」というものもあります。

これに対して、感情に訴えるなら「平均余命はあと〇〇年もありますよ」「長生きしていただかないと周りの方が悲しみます」というクロージングが考えられます。

例41では周りの方に心配をかけることに対する感情に訴えるクロージングが有効だと書きました。

ですが、これはお客様自身が生存していていることが前提になっています。ご病気やご入院の後にお客様が元気になることを想定しているから感情に訴えられるのです。ところが死を連想するような声かけをしても「あとのことは知らない」と思われてしまいます。感情はご自身が生きている時でないとなかなかイメージするのが難しいのです。

そういう時には、別の時間軸で訴えましょう。

《例43》65歳でお孫さんがいる場合には

「15年後、お孫さんは何歳ですか？」「お孫さんのご結婚式は見たくないですか？」と、ご自身の15年後よりもお孫さんの成長をイメージしていただくと「生きていない」の断りはできにくくなります。

「生きていない」という断りはお客様の本音ではないのです。

本来なら長生きしたいはずですから、そうした感情をうまくつかんで訴えましょう。

《例44》お孫さんがいない場合は

「15年後はどのような生活をされていると思いますか？」

「もし15年後の自分が今の自分に言葉をかけられるとしたら、どのような言葉をかけますか？」

などと質問してみましょう。

あるいは、その方にとって親しい間柄の方のことを質問するのもいいですね。

そうして15年後をイメージしていただくのです。

そうすれば、たとえご高齢の方であっても「生きていない」とは思わないでしょう。

むしろ「長生きしたい」と思われるはずですから、保険のことも真剣に考えていただけます。

お客様と信頼関係を築いて、問題点を共有し、解決策を提案するまで、セールスパーソンはどなたもとても熱心にやってこられたと思います。

すべて大事なことですが、最終的にお客様にご契約いただくため後押しをすることがもっとも重要です。

お断りの言葉をいただくと、大変残念な気持ちになります。誰しもそうです。そこでもうひと踏ん張りしましょう。

私はこれまでの経験から、お断りが新たなご契約への第一歩になることを確信しています。

クロージング
↓
断り
↓
質問
↓
回答
↓
感情に訴えるクロージング

この図式をしっかりと頭に入れておいてください。

第8章

メンタルブロックを解消しよう

なぜ心は、行動を邪魔するのか？

営業活動には、メンタルも大きく影響します。

なかなか思うように行動に移すことができない。

断られることが怖くて質問やアプローチなどを思うように進められない。

上手くいくのかな？　本当にできるかな？　と心配になる。

アプローチしようと思っても、心のどこかで断られることを恐れてスムーズな行動を取ることができない。

やるべきだとわかっているのになかなか手をつけることができないで、言い訳ばかり思いついてしまう。

その原因は、メンタルブロックにあります。メンタルブロックとは、心が行動にブレーキをかけてしまうことです。

特に、営業していくような場合に必ずと言ってもよいほど起こります。

生命保険の営業において、お客様が自発的に生命保険へ加入することはほとんどありません。店舗にいらっしゃるお客様であっても、まずは相談から始まります。だからこそ私たちの生命保険営業という仕事があるのです。

このメンタルブロックを打破しないことには、営業活動は進みません。

そこで、この章では、メンタルブロックをどのように克服するかを考えてみましょう。

正解を求める日本の学校教育

なぜ、メンタルブロックは発生するのでしょうか。まずそのことから考えます。私がメンタルブロックと関係が深いと思うのが日本の教育です。

育った環境やこれまで受けた教育は一人ひとり違いますが、この本を読んでいただいている多くの方は、日本の学校教育を経験しているでしょう。

日本の学校で授業中に先生がよく使うフレーズがあります。覚えているでしょうか？生徒に質問したあとに「わかる人は手を挙げてください」と声をかけるのです。私も子どもの頃、教室でよくこのフレーズを耳にしました。

私自身、答えがわかっているときは元気よく手を挙げて、自信がないときは少し控えめに手を挙げて、できれば当てられないほうがいいなと思っていた記憶があります。「わかる人は手を挙げてください」という言葉を裏返してみると、「わからない人は手を挙げないでください」ということです。

つまり、学校教育の場では当然のこととして正解を求められてきました。正解でなければ認められないという教育を長年受けてきたのです。

もちろん、それが誤りだったというわけではありません。算数のように正解がきちんと出る教科もありました。しかし、教育から離れて人生に目を向けると、正解がない問題のほうが多いといえるでしょう。

ところが、私たちはどうしても「正解でなくてはいけない」と思ってしまうのです。

契約という呪縛がメンタルブロックを生む

社会に出て生命保険の営業という仕事においては、正解とはすなわち契約です。

正解がわかる人は手を挙げてください＝契約いただける方に営業をしてください。

正解がわからない人は手を挙げないでください＝契約できないのであれば営業しないでくださいとなります。

私たちの心の中には、知らないうちにそのような思考回路ができあがっていますから、断られること＝不正解なのです。ですからメンタルブロックが発生します。

もちろん、普段はお客様のためになるいいコンサルティングをしようと前向きに営業活動をしているのですが、何かの拍子にこの潜在意識が働いて、お客様に断られることを不正解として避けようとしてしまいます。

これは、セールスパーソンなら誰もが陥る心理です。

「このお客様は、多くの営業が訪問しているからこれ以上加入しないよ」

「このお客様は、３年前にも訪問して断られたから加入しないよ」

訪問前からいくつかのお客様情報をもとに断られるというネガティブな想定をして、その理由まで思い浮かべてしまいます。

まだ訪問もしていないのに断られた想定だけを先にしてしまうから、なかなか前向きな気持ちになれません。訪問はどんどん先延ばしになります。

このようなメンタルブロックは、営業職の人間の誰もが陥りやすい心理です。その要因は自分自身ではなく今までの環境による影響が大きいと言えるでしょう。

そこで思い出してほしいのは、うまくいったときのワクワクした気持ちです。お客様から「生命保険の加入について考えているので訪問してほしい」と連絡があれば、ワクワクします。

これは、子どもの頃に正解がわかって手を挙げて「自分をあててほしい」と願ったときと同じではないでしょうか。

保険営業のための訪問であっても、状況によってメンタルはまったく違っています。ここでお伝えしたいのは、断られることは不正解ではないということです。

不正解はいけないと思い込んでいますが、そんなことはありません。これまでの教育や環境によってそのように考えてしまいがちですが、そうしたメンタルブロックの仕組みに気がつけば、改善することができるのです。

次に、そのことについて説明します。

営業にもいろいろな正解がある

メンタルブロックを外すためには、潜在意識の中にある「正解＝契約」という式を変えることが必要です。

たとえば、「正解＝お断りの理由を聞く」と変えてみてはどうでしょうか。お客様からお断りいただいたらその理由をしっかり聞くことを正解とするのです。

そのためには、面談をして質問をしながらお客様の情報を収集します。それをもとにコンサルティングを行い、商品をお勧めしてクロージングです。

そこで、お客様にお断りをいただきました。ここで終わると仕事にならないのです。お客様にはお断りの理由を聞きます。

これは「第7章　契約を促すクロージング」のところでもお話ししました。理由がわかれば、その解決策を伝えることができます。そこから再クロージングにもっていくのです。

お客様へ訪問することは、たった一つの正解＝契約を求めるためにしているのではありません。営業活動には、いろいろな正解があります。

「正解＝契約」という単純な式だけをイメージするのではなく、自分なりにいくつもの正解を用意するのです。訪問前からいくつもの正解を思い浮かべることができれば、メンタルブロックをかけることなく営業できます。

営業成績のいいセールスパーソンは断られたことがないと思いますか？　そんなことはありません。むしろ多くの断られた経験があります。

多くの断りを経験したからこそ、多くの契約をいただけるようになるのです。〝失敗は成功のもと〟と言いますが、これは営業にもあてはまります。経験をもとに、なぜ断られたのか、どうすれば断られなくてすむのかを考えるから、少しずつ成功が増えていくのです。

思いついたことがすぐに行動に移せない、学んだことをすぐに実践できない、という方は、メンタルブロックを意識してみてください。

なぜ自分にはメンタルブロックがかかっているのか、どうすれば、このブロックを取り除くことができるのか。

これは自分だけではなく、誰もが陥るものです。不意に陥ることもあります。そのことを自覚して、たったひとつの正解を追うのではなく場面に応じた正解を求める営業をしていきましょう。

モチベーション維持のためにはゴールを決めておく

メンタル面の課題として、モチベーションの維持に苦労される方も多いようです。頑張っているのになかなか結果が出ないときに起こります。このまま続けても先がないのではないか、と思ったりするのです。

そういうときは、ゴールを決めましょう。人は一定のゴールや目標がハッキリしている方が、力を発揮しやすくなります。

２０２０年のプロ野球では、コロナ禍の影響で延長戦がありませんでした。そのため試合中の選手たちのモチベーションの維持がしやすくなっていました。

営業活動も多くの方は、目標まであといくらと考えて行動していると思いますが、ただ漠然と目標を追うだけでは、どれくらい頑張ればいいのかがわからず疲れてしまいます。

成約率が１００％の人であれば、目標に対してあと何軒訪問すればいいかがわかりますが、成約率が１００％の人はほぼいないからです。

もしまだ自分自身の成約率を知らない方は、提案書の数と成約の数を確認して成約率を計算してください。たとえば、50％と出たとします。そうすると、その数字をもとに目標を達成するためには、あと何軒、訪問を増やせばいいかがわかります。

そうすることで、戦略的な営業活動ができるようになり、モチベーションが保ちやすくなるはずです。

勝ちたい気持ちをコントロールする

大学受験を描いたテレビドラマ『ドラゴン桜』で、教師と生徒がバスケットボールのフリースローで対決するシーンがありました。原作漫画『ドラゴン桜』にもあります。交互にフリースローを10本打って、多く入れた方が勝ちという勝負です。

生徒はバスケットが得意で、最初から連続してゴールを決めます。教師の方は出だしから連続して外しますが、徐々に決まるようになりました。

すると生徒の方は、後半になるにつれプレッシャーがかかったのかミスを重ねてしまいます。結果6対5で教師が勝ちました。

なぜ教師が勝てたのか。

教師は最初から6本くらいゴールできればいいだろうと考えていました。ですから1本目から連続してゴールを外してもそれほど気にせず、普段の力を出しきることができたのです。

ところが生徒は、自分のほうが得意だから絶対に勝てると思っていましたから、ミスをすると途端に動揺してしまいました。

成功の一番の秘訣は平常心

営業活動でも似たようなことがあります。

成約率50％の人が、お客様へアプローチして提案したとします。成約率が50％ということは、10人のお客様へ提案すれば5件の成約が見込め、5件はお断りを受けると予測できます。

ところがセールスパーソンは、訪問してプレゼンテーションまで進めば、成約できるだろうという意識が非常に高くなります。断られることもあるということを忘れるのです。

すると、どうしても断られたくない、失敗したくないという意識が強く出てしまうあまり、本来ならスムーズにクロージングにつなげるはずが、なかなか切り出せなかったり、先延ばしにしてしまったりすることがあります。

これは、成約率がそもそも50％だということを忘れてしまうからです。メンタルブロックのところでもお話ししましたが、正解＝契約という意識がプレッシャーになり、クロージングを避けてしまいます。

話がスムーズに進めば進むほど、セールスパーソンは「きっとうまくいくはずだ」と思いがちですが、それがプレッシャーになるのです。

いったん冷静になり平常心を取り戻しましょう。

成約率が50％なら、2回に1回は断られるということですが、○×○×○×と交互に来るとは限りません。×××と続くと、確率的にそろそろ○が来るだろうと思っても、それがかえってプレッシャーになり、モチベーションが保てなくなることもあります。

とにかくクロージングまで平常心のまま進めてほしいのです。そうすれば正確なクロージングができます。成果を意識しすぎないことがとても重要です。

冷静なときにはそれを当然のことと理解していても、お客様を前にするとどうしても契約しなくてはならないと焦ってしまって、普段通りの力を発揮できないことがあります。確率で考えれば、何軒かは必ずお断りを受けるのです。それを理解した上で、自身の営業力を十二分に発揮してください。

そして、いよいよ結果が出ます。成約、あるいはお断りを受けることになるわけですが、どちらに転んだとしても一喜一憂せず、そういうものと受け止めましょう。

お断りを受けたら、再クロージングにつなげられるようしっかりと理由をお聞きしてください。

ご契約をいただけても、ホッとするあまり舞い上がりすぎないようにしましょう。好調が続いても慢心せず、たまたまいい波が来ているのだと考えてください。

長い目で見れば、平常心で取り組むことが、営業活動で成功する一番の秘訣です。

人間にとって心のコントロールは、ある意味、一番難しいことかもしれません。ですが、心理のメカニズムを理解すればメンタルは強くなります。安心してください。

●あとがき

想像もしなかったコロナ禍において、さまざまなことに影響が及びました。テレワークをはじめライフスタイルの変化、生命保険分野では、インターネットの発展も加わり、生命保険のネット販売、非対面の営業も注目されました。その他、さまざまなことが生命保険の営業に変化を与えています。この状況をお客様はどのように感じられているのでしょうか。

私は今こそ対面営業が必要だと感じています。お客様の表情を見て、お客様の声を聞き、相談に乗り、解決策を提案していくべきだと思います。

お客様が出会った営業パーソンによって、お客様の笑顔がたくさん生まれること、これが私の考える生命保険販売のステータスです。

この本を手に取ってくださった皆さんは、生命保険販売の仕事に誇りを持って取り組んでおられると思います。皆さんがどのようなお客様と出会い、どれだけたくさんの笑顔をもたらすか、楽しみでなりません。

最後になりますが、日頃から私を支えてくださった皆様に感謝とお礼を述べさせていただきます。「ありがとうございます」

市川正也

本稿は、新日本保険新聞（生保版）において、『生命保険の原点を考えよう～個人保険の重要性～』のタイトルで２０２０年（令和２年）３月23日号から２か月に１回連載中の原稿から抜粋し、加筆・訂正してまとめたものです。

（7）　2020年(令和2年)3月23日(月曜日)　新日本保険新聞　生保版　(第三種郵便物認可)

生命保険の原点 個人保険の重要性を考えよう 1

アイグッドファイン株式会社
代表取締役　市川 正也

今回、寄稿させていただくにあたり、まず自己紹介をさせていただきます。

- 1962年 神戸生まれの神戸育ち
- 1984年 郵便局へ入局
- 1991年 簡易保険の営業に携わる
  1991年から８年連続最高優績者
  郵政大臣表彰を受賞、営業指導官（現営業インストラクター）を歴任後退職
- 2003年より外資系保険会社にて営業社員として16年間営業
  入社後16年連続ＭＶＰを受賞、ＭＤＲＴを含め数々の成績と28年間の営業経験をもって
  2020年独立

営業はもとより、お世話になった保険業界への恩返しも含めて、自分のノウハウをより多くの皆様にお伝えできればと考えております。

生命保険の原点と本来の役割

保険の業界で28年を経験させていただきました間、いろいろな意味で本当に激しい変化を感じています。特に変わるのが皆さんご存じの通り、毎年のように改正される税制です。特にここ数年は、法人税に対する保険のあり方を問われる時代になりました。急な改正に悩まれた方もおられるのではないでしょうか。

税制改正の影響で保険商品の販売抑制をする生命保険会社もあり、保険業界にとっては年度途中でも関係なく変更せざるを得ない状況が多々生じています。皆さんも大変ご苦労されたことと思います。ただ、私たち営業側が少し立ち止まり考えなくてはいけないこともあるような気も致します。そもそも生命保険が税金対策として活用され過ぎてきたからではないでしょうか？　利益を生む法人の方へ「節税しませんか」（所得税の延伸）をきっかけに、節税のための保険を多く販売してきたのではないでしょうか？

当然　節税をしながら保障を買っていただく、とてもよい提案だと思います。ただ結果的に、節税を主に販売することは、生命保険の商品資質に合致しているのかどうかというところから、効果の見直しがなされたように思われます。

ただ節税を強調するあまり、保険の本来の目的である保障の面を第一に考えていたでしょうか？

生命保険の本来の趣旨を考えてみましょう。

生命保険とは、もしもの時に入院手術等の給付金の支払いや死亡時の保険金の支払いを受けることを契約者（加入者）と生命保険会社が約束（契約）することです。損害保険と違い、実損払いではなく支払いを前もって約束（契約）しているのです。

このことが基本であり、そのこと（生命保険契約）に関わることとして、付加価値的に税制の優遇があります。

＊死亡保険金の非課税（相続税法第12条）
＊生命保険料の所得控除

このような簡単なことは誰でも知っていると感じられているでしょう。ただ、本当にしっかりと理解されていると考えにくい場面に遭遇することがあります。それが次のようなことです

＊死亡保険金の非課税については生命保険契約の契約形態に条件があります。契約者や受取人によっては死亡保険金が非課税にならない場合があります

＊生命保険料控除も旧生命保険控除・新生命保険控除（平成24年１月１日以降の契約）が混在するようになり、わかりにくくなってきました。それ以上に、以前から本人以外の家族が契約者でも控除を受けることができることをご存じない方がおられます（条件あり）。

などと、単純に税金の控除というだけでなく、詳しく知って、お客様にお伝えしなくてはいけないこともたくさんあると思います。

基本に立ち戻り、生命保険の基本的な情報（上記の事例など）を生命保険の付加価値としてお客様へ提供されてはいかがでしょうか？　今さらと思われるかもしれませんが、復習と思い確認いただければと思います。

このように優れた商品は他にはない

私は生命保険が大好きです。なぜなら、このように優れた商品は他にないと思っているからです。多くの方が保険会社を通して助け合って（相互扶助）いながら、たくさんのメリットを受けることができます。

たとえば、金融商品においてお名前が複数名記載されている商品があるでしょうか？　契約者・被保険者・受取人と複数の名前が記載されているのです。さらに、被保険者以外は変更することができるのです（変更には条件がありできない場合もあります）。特に、受取人を指定することができることは、契約者の気持ちをハッキリと表現できる素晴らしいことと感じます。契約者の意思表示です。そして、生命保険商品に愛を込めているように感じられます。預金や債券を誰かに残したいとするならば、遺言書を書いておかなくてはなりません。相続関連のことが取り沙汰される今日において、遺言書の作成とかをすることなく、死亡保険金の受取指定ができることをお客様にもっとアピールすることができるのではないでしょうか。

保険という商品の原点に立ち返ってみよう

保険が大好きな私が、どのようなことに気をつけながら営業をしてきたかを実践的な順序でお話していきたいと思います。

全体の７割から８割の力を注ぐのが、「ファーストアプローチ」です。なぜなら、生命保険の営業そのものが、今すぐに必要なものと感じていない人へお勧めしていくのですから、当然、警戒心があると思われます。営業にはお客様の警戒心はつきものです。ともあれ、警戒心を解くために力を注いでいきましょう。

ここで、以下の販売の違いを知っておいていただければと思います。

通信販売：自分の欲しいものを自分で調べて、自分の判断で注文する

店頭販売：必要なものがあるか良いものがあれば欲しい、自分の目で見て欲しいものに合った商品を価格等を加味しながら選ぶ

営業販売：特に保険の場合は、今すぐに必要であると感じていない人へニーズ喚起をし、潜在意識を顕在化しつつアプローチし販売していく

販売方法の違いで一番難しいのは営業販売だと思います。その警戒心を解いていきましょう。

ファーストアプローチの重要性

私は常にお客様とお会いするときに、粗品（タオルや洗剤等）を手渡しすることを心がけてきました。これはご契約のお礼ではなく、お忙しい人にお話しする時間をいただけたことへのお礼です。常に渡すようにしています。デパ地下の試食や車のディーラーの粗品等もアイスブレークと考えられます。この（粗品を手渡す）ことがお客様との距離を縮めることへ繋がります。そして、アイスブレークのための第一歩だと思います

アイスブレークについて次のことに気をつけましょう。

①共通の話題を考える

例えば：お天気・全国ニュース・身近なニュース・お客様の興味をもたれていること、その中から共通の話題を探します。そして、親近感（共感）を持っていただき、距離を縮めていきましょう。

お客様へお話しするときにはできる限り肯定的な話し方をするように注意しましょう。

②お客様の持ち物を褒める

お客様のご自宅を訪問する際などは視覚に入るものを褒めます。

例えば、家等（門or庭）・車・立地（駅から近いor閑静な住宅地＝静か）・玄関に置いてあるもの（玄関に置いてあるということは見てほしいということである）・身に着けているもの等を褒めるようにします。

気を付けないといけないのは、事実を曲げるような褒め方はしないように、ということです。

例えば、高級でないものを高そうに見えますとか。この場合高級でないものであれば、高級そうに見えるものを安価で買ったこと（お買い物上手）を褒めるとよいでしょう。

（つづく）

＊　＊　＊　＊

今回から連載させていただくことになりました。昨今のコロナウイルスで何かとご苦労が増しておられることとお察し申し上げます。今こそ保障の重要性を伝える時期ではないでしょうか。少しでも多くの営業パーソンの礎になれればと思っております。どうぞよろしくお願い申し上げます。

「生命保険の原点を考えよう」は、２か月に１回の掲載です。
次回は、５月25日号となります。

【筆者プロフィール】

市川　正也（いちかわ　まさや）

アイグッドファイン株式会社　代表取締役

・1962年　神戸生まれの神戸育ち
・1984年　郵便局へ就職
・1991年　簡易保険の営業につき、優績者に8年連続入賞、郵政大臣表彰を受賞後、営業指導官（現営業インストラクター）を経験の後、退職
・2003年　外資系保険会社の営業社員として17年間トップセールスパーソンとして活躍、16年連続MVP、ワールドワイド全国1位など受賞
・2020年　28年間の生命保険営業の経験をもって独立

生命保険の原点を考えよう～個人保険の重要性～
笑顔をふやす営業術

2023年3月25日 初版発行　定価1,650円（本体1,500円＋税10%）

著　者　市川　正也
編　集　榊原　正則
発行者　今井進次郎
発行所　株式会社 新日本保険新聞社
〒550-0004　大阪市西区靭本町1-5-15
TEL　(06) 6225-0550
FAX　(06) 6225-0551
ホームページ　https://www.shinnihon-ins.co.jp/
印刷製本　研精堂印刷株式会社

ISBN978-4-910503-11-0 C2033 ¥1500E